德佑店东的经营管理实践

赢在门店

DEYOU德佑 ◎著

中国经济出版社
CHINA ECONOMIC PUBLISHING HOUSE
·北京·

图书在版编目（CIP）数据

赢在门店：德佑店东的经营管理实践 / 德佑著.
-- 北京：中国经济出版社，2022.3（2024.5 重印）
ISBN 978-7-5136-6822-4

Ⅰ.①赢… Ⅱ.①德… Ⅲ.①商店 - 运营管理 Ⅳ.
①F717

中国版本图书馆CIP数据核字（2022）第029118号

策划编辑　崔姜薇
责任编辑　葛　晶
责任印制　马小宾

出版发行　中国经济出版社
印 刷 者　北京富泰印刷有限责任公司
经 销 者　各地新华书店
开　　本　880mm×1230mm　1/32
印　　张　7.25
字　　数　147千字
版　　次　2022年3月第1版
印　　次　2024年5月第2次
定　　价　59.80元
广告经营许可证　京西工商广字第8179号

中国经济出版社 网址 www.economyph.com 社址 北京市东城区安定门外大街58号 邮编 100011
本版图书如存在印装质量问题，请与本社销售中心联系调换（联系电话：010-57512564）

版权所有　盗版必究（举报电话：010-57512600）
国家版权局反盗版举报中心（举报电话：12390）　服务热线：010-57512564

写在前面

如何管理好 10000+ 家门店？

一个品牌从零起步，发展到一千家门店，再到一万家门店，经历过"走规模"的过程就完成了品牌势能的积蓄。在一个城市中，品牌的每一个店面和它的 logo 就是一块广告牌。特许经营模式特别有意思，它既有大公司的规范、标准和流程化，又有小公司的机动、灵活，所以加盟门店在享受品牌势能带来的流量、转化及客户信任的同时，作为独立经营的主体，还能发挥人的积极性和主动性。

德佑是如何将门店数量做到万家，并管好万家店的呢？

核心就是建立好五张网：作业的网、学习的网、情感的网、社区的网、公益的网。五张网交互协同，助力效率的提升、能力的提升、组织归属感的提升和品质的提升。

门店数量达到万家，人的因素就更不可忽视了，但是因为人是

非常个性化的存在,如何才能让客户感受到标准一致的服务,需要从以下四方面好好思考:

选择大于努力:选择价值观一致的人是万家店面存在的基础。

象限考察:掌握品质与能力双维度、四象限。品质与能力双优的人才可遇不可求,所以对于有相同价值观的经纪人小白亦可培养。

抓头部、立标杆:KOL、KOC 要现身说法,利用自身的优秀气质吸引更多优秀的人才。

画红线、零容忍:底线要高,这是健康生态的基础。

管好万家店更重要的是解构,把 10000 拆解成 10000 个 1,所以如何经营好一家门店,就显得尤为重要。

《赢在门店:德佑店东的经营管理实践》一书,除了从宏观视角对品牌进行解读以外,更有从微观视角对门店的经营管理进行的深入分析,希望让更多店东实现单店突破、业绩倍增。过去几年,我前前后后对几百家优秀的门店及店东进行了深度访谈,从他们身上学到了很多专业、有效的技能和方法,更看到了他们拼搏进取、努力向上向善的精神。人的积极性被充分调动起来,这不正是特许经营的独特魅力所在吗?

链家创始人、贝壳找房永远的荣誉董事长左晖先生一直希望能改变中国房地产经纪行业的现状,让所有从业者有尊严,也得到更多尊重,谨以此书,缅怀我们最敬爱的老左。

贝壳找房新特许事业部总经理　刘勇

2022 年 1 月 23 日于北京

序一
为新居住时代燃起花火

我一直相信,在新居住时代,中国职业 Broker[①] 是整个行业中最大的一笔财富,因为他们怀揣更大的行业使命、愿景与抱负,是未来十年行业变革的中坚力量!而德佑,让一大批既有理想又善实战的理想者扬帆起航。

2018 年,德佑承担起了先行者的角色,实现了德佑与链家、贝壳找房这两个品牌的"在一起",让跨品牌、跨公司主体合作联网运营成为可能。共享过去二十年我们所积累的能力、经验和资源,德佑做到了全面开放,让更多加盟门店成为事业共同体和价值观共同体。

---

① Broker 是帮别人买卖的代理人、中间人、经纪人(实体),以买卖产生的佣金作为收入,而不具有买卖的财产所有权。

2019年,德佑门店数量破万,印证了品质、效率、规模三者的良性互动;依托贝壳找房的技术能力,德佑成为居住产业互联网落地的最佳实践者、房地产经纪行业合作共赢的排头兵。ACN[①]鼓励合作与分享,力图摆脱恶性竞争和零和博弈,为门店、店东和经纪人创造更大的价值,帮助从业者成长,让客户感受到我们的与众不同,赢得真正的尊重与口碑。

德佑店东的平均从业时长超过5年,大部分人都深耕于一个社区。2020年,在疫情之下,我们看到德佑店东、经纪人与社区的连接更加紧密,他们利用自身专业能力,并倾注了真情实感,成为社区真正的一分子。社区居民身边的房地产交易专家只是他们的一个角色,他们更是疫情防控的志愿者、邻里互助的参与者、文明城市的宣传员、社区环境的美化者……

从2018年至今,德佑涌现出一批正直、看长、专业、进取的优秀店东,在经营管理实践中,能看到他们直言不讳地谈论自己踩过的坑、经历的变化和面对的挑战;与此同时,看到更多的是他们接

---

① ACN(Agent Cooperate Network,经纪人合作网络),是指在遵守房源信息充分共享等规则前提下,同品牌或跨品牌经纪人之间以不同的角色共同参与一笔交易,成交后按照各个角色的分佣比例进行佣金分成的一种合作模式,是共生经济在居住服务领域的首个落地模式。

地气的业务分享、信息量巨大的经营理念和对文化与人才战略的思考。尤其是他们坚持长期主义，不断地对自己的管理方式进行迭代，能够换位思考，对经纪人好，为他们提供发展空间和职业安全感。

2021年市场下行、困难重重的情况，激发了德佑店东的斗志，他们凭借韧性和智慧，战胜困难，勇往直前。大浪淘沙、沉者为金，我们始终相信中国房地产行业仍处于重要的发展机遇期，重合作、强专业，对经纪人好的门店一定会沉淀下来，穿越周期，获得时间的复利。

经纪人是房地产经纪行业最重要、最宝贵的资源，所以管理者要对经纪人好，尽可能为他们营造友好的环境，以长期主义理念指引自己的管理，懂得换位思考；除了创造业绩，还要在意经纪人个体的成长及其家庭和社交的需要，逐步延长经纪人的从业时间，共同为成为有尊严的服务者这一使命而努力。

一直以来，贝壳找房致力于打造适合服务者终身成长、有职业尊严的行业环境，重视门店效益的增长和从业者素质的提升，"B1112"战略的核心目标就是"陪伴从业者价值实现、店效翻番"。

初心不变，未来可期，祝愿每一位从业者都能够赢在门店，让我们一起为新居住时代燃起花火！

贝壳找房联合创始人兼执行董事　单一刚

序二

将心注入——成为中国第一批职业化店东

过去 20 多年,我国的房地产中介行业大致经历了三个阶段。

第一阶段是 2000 年到 2008 年金融危机之前,这是我国住房市场化改革和房地产行业发展的起步阶段。这一阶段面临的最大问题是信息不对称,谁拥有最多、最及时的信息,谁就能活得好,可谓"得信息者得天下",而这一时期普遍采用的商业模式是吃差价。这是中原模式主导的时代。

第二阶段是 2008 年金融危机开始到 2013 年,北京、上海等一线城市进入存量市场,二手房交易量和房价都处于持续的上升周期,供不应求,这个阶段谁掌握的房源多,谁就拥有更大的能量,可谓"得房源者得天下",这是链家模式主导的时代。虽然这一时期在房源端进行深度加工的直营中介不在少数,但是只有链家完成了对房源端供应链的改造、分工与大规模协作,并把房源协作体系"搬"

到了线上，使自身具备了全国化的基本能力。

第三阶段是 2014 年至今，这一时期房地产中介行业全面平台化，先有 Q 房推出低底薪、高提成的合伙人模式，后有搜房、爱屋吉屋的低费率竞争，行业进入恶劣的"低费率抢客、高提成抢人"阶段，围绕经纪人的争夺无休无止。然而，高提成在某种程度上意味着管理无效，在实践中，高提成 = 不合作 = 自己开单 = 不带徒弟 = 成交为王 = 客户体验差 = 低费率，直至掠夺客户。可以说，这个等式中的所有问题正是当下我国房地产中介行业的真实写照。

经过 20 多年的发展，中介行业似乎回到了原点，很多从业者会产生一系列疑问：这个行业存在的价值是什么？当下的社会需要中介吗？消费者对中介更加满意了，还是更加不满意了？这些问题或许没有明确的答案，但有一点是确定的——消费者需要中介，但未必是今天这样的中介。

那么，未来的中介应该是什么样的呢？那应该是"得人心者得天下"的新时代。中介只有通过专业的服务获得消费者的信任，才能体现自身价值；经纪人为消费者提供服务的过程必须有心与心的互动，才能产生感动，理性的专业和感性的服务将成为优秀经纪人不可或缺的两项能力。

为什么说"得人心者得天下"的新时代一定会到来？因为信息

不对称带来的弊端已经被贝壳找房击破，今天的中介行业，无论是买卖双方之间，还是经纪人之间的信息藩篱都已经被打破，任何人都不可能依赖信息不对称赚钱，必须通过对信息的深度加工和对需求的深层次挖掘赚钱，这是基于信息的服务，而不局限于信息本身。在大规模的城市化和高涨的住房开发浪潮的推动下，住房绝对短缺的问题已经不那么突出，房价的单边上涨周期也已经终结，住房消费理念从买到、买多、买大，转变为买对、买准、买好，这对经纪人的专业度提出更高的要求。总之，这些内在的变化决定了中介行业必须改变。

改变如何发生呢？我想答案就是职业化店东的崛起。店东一边连着消费者、一边连着经纪人，如果店东这个群体不能实现职业化、专业化，不能通过科学的管理实现消费者体验的提升和经纪人的成长，那么这个行业的未来就没有希望。

目前，中国有 150 万经纪人，每年通过中介买房的消费者超过 1000 万，这两个数字之间的"搭桥者"就是店东，德佑的店东数量在全行业中占 10% 左右，这 10% 或许代表了行业面向未来、生生不息的希望。

这就是《赢在门店：德佑店东的经营管理实践》这本书的价值所在。职业化店东的一个应有之义是管理的价值和管理的力量。从成熟国家的经验来看，店东群体的平均从业年限超过 10 年，大部分人都具备丰富的业务经验和管理经验，相比之下，德佑的店东大多是新人，缺少管理经验。所以，只有将心注入，才能专心专注，不断精进，提升管理能力。所谓"得人心者得天下"，一是要得到经纪人的心，二是要得到消费者的心，这两颗心都需要店东用心经营，未来的生意本质上是人的生意，更是人心的生意。只有店东热爱这个行业、热爱这份职业，一起呵护德佑这块金字招牌，才能赢得经纪人和消费者的信赖，才能一起面向未来，成为中国第一批职业化店东。

一个陪伴大家的研究者　杨现领

序三
万亿市场的一场巨变 必须重新定义门店模式

2021年,房地产链条上的所有角色都接受着暴风雨的洗礼。变革之下,房地产经纪行业何去何从?拥抱数字化转型,德佑基于门店的品质加盟和与店东的共创共进,为房地产经纪行业的巨变提供了一个可选项。

一、所有行业都值得重做一遍

在新的市场环境中,如何提升拥有万亿市场的房地产经纪门店价值?基于产业互联网时代需求,德佑认为每家门店的经营都应该达到品质、规模、效率三者的平衡。

房地产经纪行业门店的升级,其落脚点一定是高体验淘汰低体验、高效率淘汰低效率的更新过程,利用的是从优质供应侧出发的跃迁思维。

供给升级才能带来消费升级,强化优质供给和服务能力,才能使消费进入良性循环，这才是新时代供给侧改革的真正目的。

二、必须重新定义门店模式

2020年底，链家创始人、贝壳找房永远的荣誉董事长左晖说过："20年间，新房市场从4000亿的体量一路飙升至15万亿，二手房市场也到了6万亿。"由于消费者对新房和二手房的海量需求，过去20年，房地产经纪人经历了行业快速增长和发展阶段。

从今天来看，房价的波动只会越来越平稳，交易周期也会变长。房地产经纪行业正在从"快的市场"转变为"慢的市场"。这个新的市场，有两大必须面对的变化：一是增量市场变为存量市场；二是消费者行为从单纯的线下行为变为线上线下相结合的行为。

当增量市场不复存在时，门店必须学会做存量时代的生意，对线上线下客户关系的管理能力和服务品质越来越被看重，存量时代的生意不是销售，而是客户关系的管理和服务。在马路上发传单就会有客户来的时代已经过去，销售线索、销售流量、商机转化全都藏在社区里。一家门店最好能够盯住社区里的客户，与客户建立长期连接并进行长期耕耘，其本质就是经营好社区里面的私域流量。

过去是"得房源者得天下"，而未来是"得社区者得天下"。

从2018年到2019年，德佑在全国大约做了300万次社区公益活动，除了提供应急饮水、应急打印等便利服务外，还在全国各地组织社区课堂，手把手教老年人使用手机。截至2021年11月，德佑共走进598个社区，讲授约2500节手机培训课，服务老年人10万+人次。

在线化是时代的趋势，店东和经纪人都要学会在线运营，利用数据、技术和工具，了解消费者、服务消费者，与消费者完成共同"移民"。因为房地产行业的在线化进程刚刚开始，所以需要店东和经纪人学习和摸索的东西还很多。贝壳找房最大限度地为德佑提供了工具和技术支持，通过VR看房、VR讲房等工具和人脸识别技术，消费者不必到场，便有身临其境之感，大大提高了看房效率。

三、协同共生，门店进化

德佑是新时代的新商业联盟体、"新商帮"，门店必须依托价值观和新时代的经营管理操作系统才能获得成长，更好地重构行业生态。

用四年时间完成百城万店目标的德佑，用事实证明，在数字化时代，门店必须要经营赋能、效率赋能、基础设施赋能。

德鲁克说："企业管理者，首先是知识管理者。"汇集德佑总经理刘勇与12位店东的智慧与思考的《赢在门店：德佑店东的经营管理实践》一书，正是针对新时代门店经营能力系统提升的管理知识和实践经验总结。

笔记侠＆更新学堂CEO　柯洲

目 录

PART 1　难而正确的路　　　　　　　　　　001

第一章　走进德佑：坚持品质加盟，做价值观的生意　　003
第二章　勇哥有约：赢在门店三步走　　014

PART 2　策略与文化　　　　　　　　　　047

第一章　力出一孔：七大激励方法成就员工
　　　　打造能赢得战斗的团队　　049
第二章　创新策略：从 1 家店到 11 家店
　　　　合作共赢下的高效裂变　　066

PART 3　组织与机制　　　　　　　　　　081

第一章　组织有力量：如何让逆势扩张成为可能？　　083
第二章　一年业绩翻番：从口号到实现，做对了什么？　　095

PART 4　经营管理的"痛"与"通"　　111

第一章　管理提效：高效行程量化团队的"三四六原则"　　113

第二章　科学管理：线上成交占比超70%的管理实践　　127

第三章　社区精耕：是业主也是团队伙伴，

　　　　老客户转介绍超95%　　143

PART 5　领导力与人才战略　　159

第一章　人尽其"才"：以身作则知人善用　团队人员零流失　　161

第二章　人人开单：单月65单，

　　　　连续12个月城市第一的经营实践　　173

PART 6　市场下行下的德佑门店　　189

第一章　拒绝"躺平"，从走弯路到突围破局　　191

第二章　以"变"求生，向内归因方能领航未来　　201

第三章　下行市场：深圳德佑门店的"勤能补拙"实战　　208

PART 1

走难而正确的路

三年多来，德佑的品质加盟获得了业界的广泛认可，门店遍布全国各地，"德佑红"已经成为房地产经纪行业一股不容忽视的中坚力量，在百城万店的背后是德佑在不同发展阶段对于品质、规模、效率三者关系的平衡。

第一章

走进德佑：坚持品质加盟，做价值观的生意

德佑在一年多的时间里实现了加盟店数量从 0 到 10000 家的快速增长，为加盟房地产行业的从业者提供了品质崛起的范本。"德佑速度"是如何达成的？"德佑速度"背后隐藏着怎样的故事？为什么德佑能够实现如此骄人的业绩？用一年多的时间实现同行十多年不曾达到的店面规模，除了轻资产的特性之外，"德佑力量"还来自何处？

1. 数字化特许经营 3.0 时代的崛起

特许经营即加盟，作为一种商业模式，它发轫于 19 世纪的美国，被誉为"21 世纪最主要的商业经营模式"。从 *Franchise Times* 发布的"美国特许经营 TOP200+ 企业"中看，全美零售业销售额的一半是在特许经营组织中实现的。

伴随着洋快餐进入中国，特许经营模式在中国取得了长足的发展，涉及餐饮、住宿、汽车后市场、培训教育、房地产经纪、家庭服务、美容与健康、食品专卖、非食品专卖、商务服务与便

利店等行业。"中国特许连锁百强"企业涉及 50 余个细分业态。

近年来，在产业互联网和数字化浪潮的推动下，特许经营进入了 3.0 时代，如图 1-1-1 所示。数字化的体系和组织让特许品牌、加盟商、消费者之间的关系从过去的线性交互，发展为今天的网络化交互，这使得三者之间的通路更加顺畅。

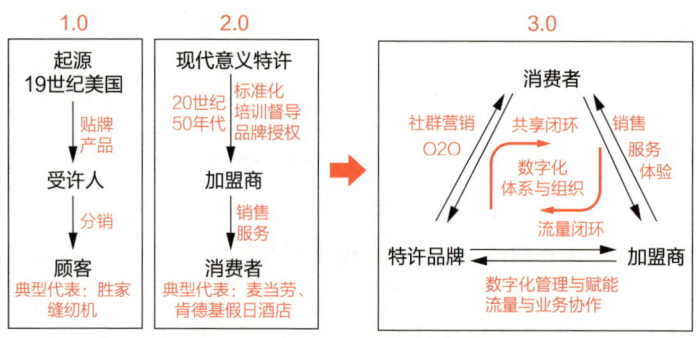

图 1-1-1　特许经营模式的发展

正如英特尔前 CEO 安迪·格鲁夫在《格鲁夫给经理人的第一课》一书中提到的那样，最好的商业模式就是既有大公司的优势，又能保持小公司的种种好处。德佑借助品质加盟的商业模式，帮助加盟商在保持自身原有经营优势的同时，能够从大组织规模经济和标准化管理中获益。

2. 价值观的生意

从表面上看，企业的竞争是产品的竞争、商业模式的竞争，但从本质上看，还是文化的竞争。比如，迪士尼打造了全球主题乐园行业的"欢乐文化"，星巴克打造了全球咖啡行业的"体验至上文化",华为打造了奋斗者文化与科技文化。

优秀的企业都有卓越的文化,正如《基业长青》一书中提到的,优秀的世界500强都有"宗教般的文化"。德佑强调的品质加盟是一种商业模式,更是文化和价值观的生意。品质是德佑的生命线,合作是德佑的DNA。德佑的"战略三观"(如图1-1-2、图1-1-3所示)即价值观、人才观、社区观,这也是对德佑文化的深度诠释。

品质加盟,是模式,更是价值观

图1-1-2 德佑价值观

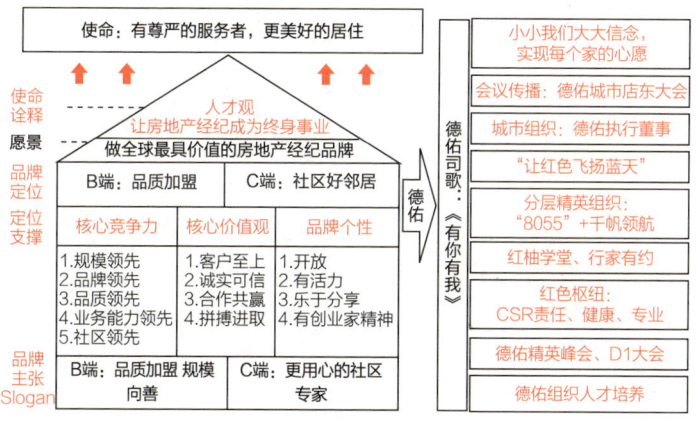

图1-1-3 德佑人才观、社区观

德佑于 2018 年正式启航，开启了特许经营的新征途。时至今日，德佑经历了三个发展阶段：

（1）第一阶段：门店数量从 0 到 1000 家。

新的模式、新的起点，一切都是崭新的。当然，对于人们认知的转变也需要一定的时间。所以，德佑经历了一个非常困难的时期，德佑第一位加盟店东万道驰说："一开始，德佑的红色招牌挂在社区，大家误以为是文具店，但现在大家都知道德佑是做房屋交易的。"这听起来有点讽刺，但真实地说明了德佑起步时的艰难。

在 B 端[①]，德佑主要围绕业务做深度交互，而不是简单的陌生拜访，是从中小中介门店的痛点入手，提供八大支持；在 C 端[②]，则是通过对门店赋能，以品质标准保障服务规范。制定"房"和"人"的品质标准，让德佑能够确保房源的真实有效和经纪人的规范操作，提升客户的交易体验。

和传统加盟只授牌不管控的做法不同，德佑以品质加盟的理念进入市场，推行比传统加盟更加注重管理运营的类直营式加盟，它要求加盟店东必须遵循品质理念、倡导合作精神，并划定禁止私飞单等政策红线，堪称加盟型中介的"一股清流"。

这样苛刻的要求让看重短期利益的店东望而却步，但一些坚持长期主义的从业者却看到了机会和未来。

---

① B 端，英文是 Business，指的是企业或商家。
② C 端，英文是 Consumer，指的是消费者或个人用户。

（2）第二阶段：门店数量从 1000 家到 10000 家。

2018 年 7 月，德佑门店数量突破 1000 家；2019 年 7 月，一年时间，德佑门店数量突破 10000 家。这样的增长靠的就是"品质+合作"的组合拳。

品质是德佑的底线和生命线，德佑反复强化品质的力量，创建能够与店东产生链接的抓手。在德佑的经营理念中，运营大于拓店。在利用品牌屋模型梳理后，德佑明确了品牌定位，并通过 8055 百万门店 & 精英店东俱乐部，联合了在德佑排名前 1% 的优秀店东，共同沉淀行业最佳实践经验，通过多种传播方式让经验得以复制。同时，以德佑邻里节为渠道，以德佑门店为红色枢纽，搭建以门店为核心的影响力关系网络，帮助店东做更用心的社区专家。

品质加盟的倡导赢得了业内高效能经纪人以及优质店东的青睐，这些有着商圈资源和丰富经验的高效能经纪人以及优质店东的表率作用和示范效应呈现燎原之势，德佑门店数量呈几何级增长。然而，在这样的爆发式增长面前，德佑却表现得异常冷静，在深思熟虑之后，给出了发展要"因强而大"的结论，并付诸行动。

关于品质，德佑强调以下三点：

①高门槛——不是所有门店都能加盟德佑。

德佑对加盟门店、店东有非常严格的资质审核，择优录取，优中选优。在审核过程中，城市总经理会跟店东进行面对面交流，这种交流甚至可以称为面试。城市总经理会提出诸多细致的问题来全方位考察店东，比如，你过往的业绩如何？是否出现过重大投诉、纠纷？社区深耕做到了什么程度？

德佑绝对不会接受昨天还在卖包子，今天就要加盟做店东的人。因为房地产经纪这个行业其实非常难做，要搞清楚种类繁多的产权性质和复杂的客户购房资质，就不是一件简单的事情，对于没有行业经验、从业时间非常短，或者寄希望于赋能获得成功的人来说，大概率会落得失败的结局。

②在经营过程中严格监控、考核、审视。

从硬件上看，德佑对每个门店的门头大小、店面面积、门店经纪人数量都有严格要求，不合规就不能通过审核；对于重大投诉、虚假房源、破坏合作规则、恶意抢单等问题，德佑划定了非常明确的红线、黄线和黑线，比如，针对房源有24小时客户投诉处理保障机制。

③优胜劣汰，坚决执行退出机制。

对于不遵守规则、破坏合作、损害消费者利益的店东、经营者及其店面，要坚决地执行退出机制。这看起来有些残忍，但也是强化品质过程中必须要舍弃的。尤其是在德佑扩张初期，要想成就一个优质品牌，这一点必须坚决做到。

一个人不遵守职业道德，一个门店不遵守经营规则，不仅损害了平台的利益，更损害了那些遵守经营规则的门店的利益。所以，强规则、强品质并不是强人所难，更不是不顾人情，而是最大限度地体现公平，使每一个个体的利益最大化。合作本身能创造更大倍数的共赢，但一个破坏规则的飞单，就可能对守规则的经纪人造成不公平，本来有业绩，却变成没有业绩，所以规则的制定绝不能让守规则的人吃亏。

德佑做的是价值观的生意，希望连接更多真正拥有高品质价值观的合作伙伴，包括店东和经纪人，一起推动房地产经纪行业的发展。

加盟德佑就是一次与品质的结盟。

（3）第三阶段：门店数量迈进10000+家阶段。

在这一阶段，德佑将战略重点调整为效率提升，能快而不快，强调如何帮助店东活下来，在未来过得更好。德佑不会为了追求规模盲目扩大合作，而希望寻找志同道合者一起走得更远。

3. 用品牌的力量创造价值

特许经营的本质是要在品质、规模、效率三要素之间找到一个平衡点。

在起步阶段，德佑在保证品质底线的基础上，全力冲刺规模，因为只有在一定规模之上，品牌才具备势能。那个时期，人们感觉一夜之间大街小巷出现了很多德佑门店。一块块红色的德佑门头就是一块块广告牌，让德佑这个品牌快速进入消费者的认知之中。但是很多消费者并不知道德佑是做什么的，他们以为德佑是卖食品或者家居用品的，因此有很多店东提议能否在门头上加上"房地产经纪公司"几个字。然而，在德佑已经被消费者熟知的今天，店东们再也不会有这种困惑了。

当门店数量增加到10000家时，德佑提高了加盟的门槛。比如，店面人员的数量从 5 人提高到 8 人，重点城市甚至提高到 10 人；门店面积、门头大小、店东过往经验等指标也都大幅提升。同时，对于已经加盟的门店，在服务品质、店面形象等方面也有明确的升级要求。因此，在第二阶段，德佑的战略关键词变成了"品质"。

现阶段，德佑通过各种方式不断强化提效这个战略重点，所有决策的制定都要为提效服务。德佑坚信：人赢了，店赢了，德佑的品牌才能赢。

坦白地说，房地产经纪这个行业效率并不高，经纪人的人均业绩、人均收入都处在一个较低水平。店东加盟德佑品牌，最大的诉求无外乎两点：一是赚更多的钱，二是通过品牌背书招到"好人"。赚更多的钱的背后是业绩的提升，而招到"好人"，则可以获得更好的业绩。实际上，这与效率的提升密切相关——效率的提升能够带来业绩，让门店生存下来；业绩好了才能带动门店的发展，给经纪人提供更好的成长环境和职业发展路径。

房地产经纪行业不稳定是普遍现象，作为给"服务者"提供服务的人，德佑追求有效率的品质。效率是店东盈利的基础，品质是门店可持续发展的保障，有效率才能让店东盈利，才能证明德佑的模式是先进的，才能最终赢得市场。

从硬件上看，德佑借助贝壳的力量，利用 A+ 系统、VR 看房等线上作业工具，让自己转变成了一家互联网经纪服务公司，实现了线上线下服务的闭环融合，大大提高了房地产经纪人的作业效率。比如，经纪人可以使用 VR 看房、AI 讲房、VR 带看、未来家等一系列线上产品，这会节省大量时间，提供好的服务体验；还可以通过线上签约、线上贷签、线上评估等线上手段，将房屋交易搬到线上，不仅节约买卖双方的时间和精力，也提高了经纪人的工作效率。总之，这一转变让房地产经纪业务从农耕时代进入了互联网时代。

从软件上看，基于对用户痛点和需求的了解，德佑创新产品思维，启动相应的产品与服务，通过领航者、合伙人、德佑之家、店东直聘、码上邻居、私董会、红柚学堂、D1 等内部赋能项目的推出，向内突破，与店东高效、深度链接，创造增量价值。同时，因为德佑店东以创业者、经纪人转型居多，业务能力强，只是缺乏经营管理经验，德佑通过每月一期的视频节目"勇哥有约"分析店东们在门店经营过程中踩到的坑，并对这些问题进行剖析，给出解决办法，在组织内部无偿分享接地气、可落地的最佳实践。

未来，德佑将奉行"品质＋效率＋价值"的企业理念，并坚持将"做全球最具价值的房地产经纪品牌"作为企业愿景。从大到伟大，德佑的思考从来不局限于规模本身，而是将关注点聚焦在能够给加盟商和消费者带来怎样的价值，这也是未来一段时期德佑的主攻方向。房地产经纪行业发展的最佳模式不是直线式提升，而是阶梯式提升，企业规模扩大到一定程度就要深耕管理和效率，之后再寻求增长，这样才能越走越远。

德佑授权每一家加盟店都可谓"深思熟虑"，因为我们希望加大对店东的筛选力度，同时也加大对门店的资源投入，让德佑赢在门店。之所以这样做，有三个原因：一是店面是不可移动的，优质门店是稀缺资源，是核心竞争力；二是客户会通过门店规模判断公司实力，优质门店能提升客户的信任度；三是门店不仅指肉眼可见的物理空间，还包括门店文化，门店带头人、工作者的精神面貌等，德佑会对人员品质提升，门店经营管理策略、选址定位等提供全方位支持。（如图1-1-4所示）

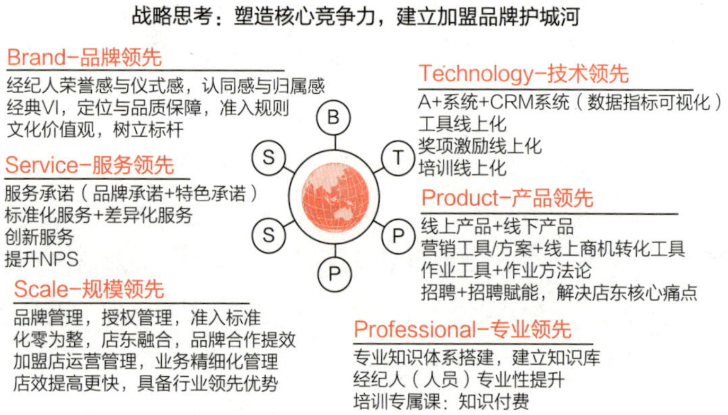

战略思考：塑造核心竞争力，建立加盟品牌护城河

Brand-品牌领先
经纪人荣誉感与仪式感，认同感与归属感
经典VI，定位与品质保障，准入规则
文化价值观，树立标杆

Service-服务领先
服务承诺（品牌承诺+特色承诺）
标准化服务+差异化服务
创新服务
提升NPS

Scale-规模领先
品牌管理，授权管理，准入标准
化零为整，店东融合，品牌合作提效
加盟店运营管理，业务精细化管理
店效提高更快，具备行业领先优势

Technology-技术领先
A+系统+CRM系统（数据指标可视化）
工具线上化
奖项激励线上化
培训线上化

Product-产品领先
线上产品+线下产品
营销工具/方案+线上商机转化工具
作业工具+作业方法论
招聘+招聘赋能，解决店东核心痛点

Professional-专业领先
专业知识体系搭建，建立知识库
经纪人（人员）专业性提升
培训专属课：知识付费

图1-1-4　德佑核心竞争力

除了为店东和经纪人创造更多价值外，德佑也在思考：一个城市有德佑和没有德佑有什么不同？德佑能为消费者带来什么价值？与此同时，德佑要坚定地扎根社区，做更用心的社区专家；做中国好邻居，与邻居们守望相助。（如图1-1-5所示）

德佑人将致力于用心为消费者提供更加专业、放心的房地产经纪服务。德佑坚信规模向善、行业向荣。

德佑邻里节   **德佑九大便民服务**   **全员"100万小时公益计划"**

- 业务类：Open House 好房现在看
- 社区类：主题类社区互动活动
- 公益类：体验式公益活动

- 应急打印复印
- 应急避雨
- 应急上网
- 便民饮水
- 手机使用到店咨询答疑
- 应急充电
- 应急电话
- 询路指引
- 换灯泡

- 鼓励经纪人开展全方位社区服务

图 1-1-5   德佑立体化社区价值体系

第二章

勇哥有约：赢在门店三步走

刘勇，人称"勇哥"，中欧国际工商学院 EMBA、大连理工大学 MBA。曾担任世界 500 强企业亚太区高管，2010 年加入链家，历任大连链家总经理、天津链家总经理、自如北京总经理、北京新房总经理及贝壳找房交易事业部总经理。自 2019 年 1 月起担任德佑（中国）总经理，2022 年 1 月起担任贝壳找房新特许事业部总经理。

1. 开店的艰难

2019 年，德佑高歌猛进，行业内外关注度非常高，很多过去的老同事以及其他行业的一些人都跟我说想要加盟德佑或者成为投资人，想听听我的建议，但是绝大多数都被我劝退了，原因有以下三点：

第一，如果你只是进行财务投资，不深度介入管理和运营，这就是一场赌博，赌的是你合作的店长人品怎么样，是否找对了。但是，这场赌博大概率会赌输，要么是这个人经营能力特别强，把门店经营得很好，可是他心理不平衡，觉得功劳都在自己,总有一天会想办法把你甩掉;要么是这个人没能力,干不成事,重新找工作去了,你的投资打了水漂。

第二,如果你自己做,那就要全力以赴,甚至要从零开始学。如果你有一定的管理经验和领导能力,带过兵、打过胜仗,就能留得住优秀人才,那么你开店的成功率会在50%左右。房地产交易流程非常复杂,是一门低频生意,需要非常强大的捕捉机会的能力,所以你必须不断充实自己的业务知识,并提升自身的管理能力,比如对业务漏斗、转化率、线上商机、IM响应等指标的熟练应用,这一项又会使开店成功率得到一定的提高。但这个过程非常艰难,不可能一蹴而就,需要时间的沉淀和积累。

第三,这不是一门赚快钱的生意,所以要做好两方面准备。一是思想准备:门店的成长周期曲线和学习曲线跨度都比较大,所以前半年甚至更长时间都可能处于亏损状态;二是资金准备:门店需要大量的前期投入,比如租金、装修、办公家具及设备、工资及社保、日常开销等,同时,在管理者进行自我提升、新人培养、熟悉楼盘、客户维护的过程中,也需要一定的资金投入。一开店就赚到钱,这在房地产经纪行业是不现实的。

德佑明确提出,为了找到优质店东和门店,要严把准入门槛,即使在房地产行业大热的时期,也不能无节制地进行规模扩张,贸然接纳不符合标准的店东加盟,无论是对于德佑的发展,还是对于店东本人的成长来说,都是不负责任的行为,品质才是德佑持续发展的核心。

所以,对于门店的筛选和管理,德佑制定了数十项标准,包括店东的专业度、投入度、价值观，员工的素质，以及门店的质量、业绩等；在门店加盟后，有各种培训考核，比如真房源率、费率要求、客户投诉处理满意度等。一般情况下，店东加盟德佑需要经过多轮面试，新入职的经纪人仅融合训练就要耗时 100 小时左右，之后还要接受各种通关培训以提升自身能力。

在加盟一个品牌之前，店东会经过深思熟虑，他们要花大量的时间去考察其他加盟门店的品质，因为他们很在意自己所在的圈层里面是否存在一些素质、能力都很差的人，如果真是如此，那些优秀的人可能就不愿意加入了。所以，德佑做加盟是有"洁癖"的，不可能让个别品质差的门店影响自己的品牌。

既然德佑选择了从直营转向加盟，那么就不能走老路，这样到不了新地方，很可能原地踏步。只有不断创新思考，进行思维迭代，才能有新发现，获得更大的发展。德佑所做的一切，就是希望坚持品质加盟，始终相信"慢就是快"。相对于规模来说，我们更相信服务品质和市场口碑的重要性。在当下这样一个时代，必须顺应消费者需求的变化升级，技进乎道，我们要不断为加盟商赋能，以优质的服务提升加盟商的竞争力，形成品质正循环，加速行业升级。

当你弄清楚自己是否具备开店的能力之后，就要聚焦门店业务本身了。从总体上看，我们将门店分为两大类：盘源店和客源店。这是由交易产品的特质决定的，因为选店就要靠近交易的两端，盘源就是靠近你的盘和你卖的房子，客源就是贴近社区和客户。

基于此，德佑总结了开店七步法：第一步是分析商圈的选择逻辑；第二步是进行商圈佣金量及竞争分析；第三步是绘制重点盘的九宫格及摆位图；第四步是进行责任盘的细化分析；第五步是弄清门店的布局及位置（开客源店还是盘源店，开在街角、小区门口还是超市门口）；第六步是进行门店评估打分；第七步是进行门店资金成本测算。

2."赢在门店"三步走

要讨论如何"赢在门店"，就要先了解门店的带头人——店东。德佑对店东的画像分为以下四类：

第一类是具有大直营店行家经验的店东。比如担任过链家、德佑的 BD（Business Development，即商务拓展）或商圈经理等。这类人一般都很有创业激情，同时看好平台模式，当德佑刚好出现时，他们就开启了创业之路。

这类人在德佑占比不小，而且大部分做得非常优秀，因为他们在房地产经纪行业打拼多年，是行业中的老兵，对行业有深入理解，同时，熟悉业务，有丰富的经验，还具备较高水平的管理能力。相对来说，这些人缺乏经营经验，但这恰恰是德佑能够提供的，因此，他们创业成功的概率很高。

第二类是具有门店经营经验的店东。这些人在商圈或社区中扎根多年，渴望提升管理能力，使管理更加科学，所以带着门店加盟德佑，这部分人的比例不在少数。他们是典型的社区专家，无论是自己，还是门店员工，都扎根在商圈或社区十几年甚至几十年，很多店东、经纪人已经在自己服务的社区里置业，成了业主。这些人希望借助德佑的品牌优势和培训体系带领门店员工取得突破，不断成长，他们就是德佑社区专家的画像。

第三类是所经营的门店获得裂变的店东。一般来说，经营业绩比较好的店东为了发展会对门店进行裂变，同时他们都有一定的人员储备，原来门店的储备经理成为新门店的商圈经理或者合伙人。随着门店规模的扩大和店东经营能力的提升，门店裂变的比例在逐渐提高。

第四类是跨界创业的店东。这些人没有房地产行业的从业经历，从其他行业跨界而来，所占比例较小，但也不乏标杆和成功案例。相较于前三类店东而言，这类店东要想突围，成为头部店东，难度很大。这一方面需要店东具有很强的学习能力，能够尽快掌握复杂的交易流程和作业环节；另一方面需要店东具备很强的领导力，在搭班子、带队伍方面有所作为。

之所以有这么多人选择加入德佑，和德佑实现规模增长的三个阶段性策略密不可分。

在第一阶段加盟德佑的店东基本都是链家"铁粉"，大家都知道链家有科学的管理工具和成熟的方法论，所以很想学一学；与此同时，很多城市总经理、优秀管理者都有链家的基因，对行业和业务理解非常深刻。所以，当德佑出现时，他们认为这是最好的机会。

在第二阶段加盟德佑的店东更多的是"因为看见所以相信"，德佑体系内涌现了一批优秀店东，他们成为标杆，让大家看到门店还可以这样经营。在过去很长一段时间里，如果门店的单月业绩能够做到 20 万元，就难能可贵了，但现在加盟德佑是实实在在地提效，可以让业绩翻番。

所以，当看到有些门店通过德佑的培训、赋能、业务漏斗的管理、转化率细化跟进、房源述职等对业务进行了升级，同时获得了线上流量的支持，门店单月业绩突破 100 万元之后，就为观望的店东注入了强心剂，并刺激他们的主动加入。

在第三阶段加盟主要依靠的是规模的力量。在很多城市都能见到德佑门店红色的招牌，非常亮眼，它也获得了越来越多人的信赖，德佑希望通过品牌赋能，使自己的招聘及业务获得新的突破。

一家门店是怎样从德佑众多门店中脱颖而出，成为标杆门店的呢？

在过去两年多里，我先后对 300 余位标杆店东进行了访谈，也深度走访了很多优秀门店，感受他们的团队氛围，深入了解和学习他们的成功经验。从这些优秀店东身上，我学到了很多作业方法和管理最佳实践，更重要的是，他们使用底层逻辑进行思考，总结出成为千万门店的"21 条秘密"。

这"21 条秘密"分为"聚人、理事、管自己"三个层面。世界 500 强企业在谈管理时，更多强调的是管人、管事、管自己，因为在这样的大型公司体系中，各层级管理者更像一颗颗螺丝钉，总部会给这些管理者提供具体的战略、目标，并匹配成熟的管理工具和方法论，管理者只要执行就可以了。但是，作为创业型企业的店东，没有人会给你提供战略、目标，告诉你如何拆解落地，主要还是要靠自己的全面统筹和系统思考。

第一个层面："聚人"。

"聚人"就是把人聚拢住。一般来说，大公司的职业通路较为完善，发展机会也较多，通常是很多人申请一个职位，主要是企业选人，所以团队相对稳定。而门店的吸引力通常比较弱，人员流失率高，所以门店的首要任务是凝聚人心，让优秀的人才留下来。

链家创始人左晖曾经提出过一个概念，就是门店的"人月"。"人月"即门店所有经纪人在门店的平均工作时间。例如，门店里的老人干了两年，相当于 24 个月，门店里的新人刚来了 3 个月，把他们的工作月份加到一起，再除以店里经纪人的总数，就是门店的"人月"。一般来说，"人月"越高的门店，业绩越好。因为"人月"高，说明经纪人在社区里扎根的时间长，能够抵御房地产周期留下来，其业务能力也必然得到提升，而且跟老客户有很强的黏性。"聚人"是门店经营的关键，在本书后面的店东最佳实践中会介绍相关案例，让大家深入了解如何"聚人"。

"聚人"看似简单，实则非常不易，具体到房地产经纪行业，"聚人"包含 7 项核心举措，即招足量、聘好人、留好心、育好才、分好钱、好氛围、好机制。

①招足量。销售行业的流失率都比较高，尤其是房地产经纪行业，经纪人的流失率普遍在年化 120% 左右，这意味着如果不持续招聘，那么一年后，门店的经纪人会全换一遍。所以，招聘是店东的首要工作，持续地招聘才能持续地选拔优秀人才，才能保证门店的人员配置。

②聘好人。"招"和"聘"是两个完全不同的动作,"聘"就要聘到优秀的人才。"千军易得,一将难求",是否聘到了门店的潜在店长、潜在商圈经理,甚至是潜在合伙人,将决定门店能否在未来有好的发展。

③留好心。一般企业会从三方面留人,即收入留人、事业留人、情感留人。优秀的店东会把经纪人及其家人拉进一个群,定期把经纪人开单的喜报、取得的成绩、做的好事发到群里;同时,会成立感恩基金,表彰优秀的经纪人,奖励他们和家人一起旅游。

④育好才。新手经纪人加入一家门店后,通常需要半年时间学习,才能独当一面。在这个过程中,完善的培训体系、师徒带教制度对于经纪人的成长有非常大的帮助。门店的老人其实也需要定期培训,储备门店经理、商圈经理的岗位能力。

⑤分好钱。俗话说:"财散人聚,财聚人散。"许多门店的经营者不具备对"聚财"和"散财"进行平衡的能力,往往会走向两个极端:一个极端是财散得太多,比如,采用合伙人机制,早早地就把自己的股权稀释掉了,或者薪酬绩效不合理,提佣比例过高,造成老板给经纪人打工的局面,市场好的时候,门店利润不高,市场差的时候,门店亏损严重,甚至难以为继;另一个极端是店东过于精明,提佣比例过低,经纪人不赚钱,这种情况下,人必然会散。

⑥好氛围。员工离职的原因无外乎三点:不赚钱、不开心、没发展。有时候,当你走进一家门店时,不用听店东、员工说什么,从整个门店的氛围就能大致判断他们的业绩如何,因为好的

氛围能助力门店业绩提升 30% 以上。

有的门店很安静，几乎听不到什么员工交流的声音，每个人的面部表情也很僵硬，看不到笑脸，这个门店氛围非常压抑。我想，如果一个新人来了，感受到的是这样的氛围，估计他很难留下来。相比之下，有的门店给人热火朝天的感觉，员工之间交流的声音此起彼伏，经纪人脚步轻快，时不时传来爽朗的笑声，积极正向、轻松愉悦的氛围充斥整个门店。

有一次，我到深圳的一家优秀门店学习交流，虽然因为市场波动，整个区域几乎没有成交，门店几乎也没开单，但是经纪人都在认真地背诵房源，并互相提问，一片忙碌的景象。店东邀请我和门店的小伙伴合影，当他们一起喊出门店口号的时候，声音洪亮、振聋发聩。我想，这样一支有力量的团队，业绩一定不会差，经纪人眼里有光，门店就有希望！

⑦好机制。没有发展是员工离职的一个重要原因。一家门店是否有公平公正的晋升机制、是否有透明的人才选拔标准、是否有合理的业务合作业绩分边分配机制、是否有师徒带教机制等，是门店发展强有力的保障。

第二个层面："理事"。

为什么不叫"管事"，而叫"理事"呢？如果你是一个直营门店的管理者，你不需要操心哪些是重点工作，哪些是非重点工作，只要执行上级指示就可以了；但如果你是一个加盟店老板，你就必须掌握门店的发展情况和存在问题，分析问题产生的原因，并据此确定每个阶段的重点业务。是房源出了问题，还是客源出了问题？是房源加工出了问题，还是房源新增出了问题？"房、客、带"，到底是哪个环节出了问题？是线上的问题，还是线下的问题？如果是线上的问题，是 IM 响应[①] 出了问题，还是 VR 带看出了问题，抑或商机和流量出了问题？总之，作为店东，对于这些问题的根源要非常清楚，这样才能知道自己到底要管什么。所以，把这一部分叫作"理事"。

从"理事"这个层面上，也总结了标杆门店的 7 条最佳实践，分别是管好量、提效率、述好职、用好网、维好客、好社区、多元化。

①管好量。销售管理的基础是业务漏斗的管理。房地产经纪行业的复杂之处在于客户和业主构成的双漏斗，它不像家电等传统行业，产品是固定的，只需要把握客户漏斗就可以了，它必须要管好两个第一层——房源数量和客户数量，数量越多，业务漏斗的开口就越大，就越有可能带来更多的成交机会。所以，提升房源、客源数量，是业务管理的基本盘。

②提效率。从线上商机、客户留咨或者私域流量，到客户约看、带看，甚至二看或三看，再到与业主斡旋，直至成交，要管理好每一层业务漏斗的转化率，转化率越高，成交的数量就越多。当然，这其中涉及很多问题，比如房源匹配的问题、经纪人能力的问题、跟踪回访频率的问题等，需要因地制宜，各个击破。同样地，房源端也需要漏斗转化率，因为房源加工、必看好

---

① IM 即 Instant Messaging，是即时通信的意思，此处的 IM 响应特指经纪人使用的 A+ 系统的响应速度。

房等工作对于提高成交率至关重要。

③述好职。链家门店取得优秀业绩的诀窍是什么?我认为,它们除了赢在企业文化建设和科学管理上外,更为关键的一点就是述职。可以将房源述职拆解为组对盘的管理、丢盘分析、报盘率及报盘成交效率等,通过这样的拆解,让管理者与经纪人达成一致的目标,真正实现管理动作落地,并提升工作效率。这是一项了不起的创举!

④用好网。随着产业互联网的深化与发展,使用VR讲房、VR带看等工具,能够大大提高经纪人的效率、节省客户的时间,这为传统中介门店插上了科技的翅膀,很多优秀的经纪人和优秀的门店,其线上成交占比已经超过50%。如果你还没有享受到贝壳带来的红利,那么你就还没有真正体会到品牌的价值。

⑤维好客。一家门店、一位经纪人,在一个行业、一个商圈中,摸爬滚打了很多年,沉淀下来的是什么呢?是专业能力的提升+对社区商圈的熟悉?还是其他的?更重要的是老客户的沉淀。我认识的很多优秀的百万经纪人,他们无一不是与老客户链接得非常紧密,转介绍率高达90%。

⑥好社区。过去是"得房源者得天下",今天已经演化为"得社区者得天下"。

成都有一位优秀的店东,他所服务的小区有300套房源在销售,通过他的门店报盘的就有290多套,占比为97%,他是怎么做到的呢?其实,核心还是日常对业主的维护,从最初设立免费书报亭,提供免费换锁、换灯泡、维修、打印复印等便民服务,到定期开展社区活动，比如组织趣味运动会、提供翻译服务、教老人用手机等，这种持续的日常服务和社区服务，使得门店与社区之间建立了非常强的链接，也净化了店东和团队成员的心灵，让他们愿意不求回报地付出。

⑦多元化。以前，很多门店只做二手房销售，因为单一门店没有新房合作的渠道。现在，通过加盟品牌入驻贝壳，增加了新房销售机会，带来了增量收入和业绩增长。相对来说，新房的成交周期短、作业难度小，但是，一定要分配好新房和二手房的比例，千万别因为新房销售放弃二手房销售，从而丧失二手房销售能力，毕竟二手房是门店长期发展的基本盘。所以，要做好人员分工，并制定业务合作规则。

第三个层面："管自己"。

除了上面提到的"理事"的7条最佳实践，对于现在的店东来说，在具备一定的业务管理能力和业务运营能力的基础上，更重要的是要有非常强的经营能力。这个经营能力主要指的是策略规划能力、文化搭建能力、底层基础搭建能力、中后台搭建能力等，比如门店是否有完善的财务管理体系、薪酬绩效体系、合伙人机制、培训体系等，都考验的是店东的经营能力，这些才是门店取得优秀业绩的核心和关键。当然，也有很多店东踩过坑，这里将他们的宝贵经验和惨痛教训总结提炼成开店7步法分享给大家，一起找到经营管理的"痛"，实现经营管理的"通"。开店7步法包括制定策略、选好地址、打造文化、建设组织、管理财务、设定目标、持续学习。

①制定策略。店东要明确门店的发展策略,是开大店,还是开多店?什么时候开店?需要做哪些储备?要具备什么样的条件?等等。曾经有一位天津的优秀店东,拥有三家门店,都经营得不错,其中一家门店业绩名列前茅,多次获得"城市五虎上将"的荣誉。后来,大店兴起,为了跟风,这位店东将三家门店合并,开了一家 300 平方米的大店,期待 1+1+1>3 的效果,结果事与愿违,合并后的门店各种冲突不断,业绩归于平庸,陷入负循环之中,再也没有进入城市门店业绩排名前列,总体业绩甚至远远低于合并前最优秀的那家门店。当然,这不是个案,全国有好多类似情况发生,具体原因会在讲述大店和多店需要具备的基础能力时详细阐述。

②选好地址。选址选对了,门店成功的概率基本上能达到 50%。麦当劳、肯德基在门店选址时都有标准化的流程和上百页的可行性分析,目的是避免开错门店而损失实际成本和机会成本,这也是德佑提出开店 7 步法的初衷——避免店东盲目做决策。

③打造文化。"以身作则不是团队文化打造的重要路径,而是唯一路径!"一个团队的文化和气质就是领导者的文化和气质,所以店东要以身作则,管好自己,才能带动团队。如果店东自己非常懒散,不注意形象,那么团队的 6S[①] 也不可能做到位;或者

[①] 6S 指整理(seiri)、整顿(seiton)、清扫(seiso)、清洁(seiketsu)、素养(shitsuke)、安全(safety),德佑的 6S 主要指门店管理制度(如门前规范、接待区整洁度、公共物品摆放和张贴物整齐度等)和着装标准(如仪容仪表、衬衫第一个扣子是否扣上、是否佩戴领带、司徽、工牌等)。

面对下行市场时,店东自己都心不在焉、慌慌张张,那么团队肯定不会有信心。管自己不难,但要在方方面面对自己高标准、严要求、求进步,则是对人性的考验和对惰性的挑战。

④建设组织。门店中存在三类组织,即正式组织、储备组织和虚拟组织。

正式组织要求:经纪人分级为 A[①]0~A10,店长分级为 M[②]5~M10,商圈经理分级为 S[③]1~S5。对组织的界定不难,难的是每一级别的薪酬绩效如业绩分边机制的合理确定。

储备组织需要思考的问题:是否有储备店经理和储备商圈经理?准入和退出的标准是什么?对于储备人员要进行哪些培训,如何实施?这些问题能否得到解决,关系到门店能否获得持续的增长和长远的发展。

虚拟组织是一个新的概念,以前在外企出现得比较多,每一个销售团队中都会有很多虚拟组织,它能帮助管理者节省大量时间,而且在虚拟组织的带动下,这个团队的业绩提升明显。例如:团队激励活动大使,负责团队激励、赛事设计及实施;团队培训学习大使,负责团队培训设计与组织实施;团队健康大使,

---

① A(agent)是经纪人,从新人到资深经纪人,专业发展路径为 A0~A10,不涉及管理工作,达到指定业绩水平即可晋级。
② M(master)是一个门店的中坚力量,是专业的、经验丰富的职业经纪人。以 M 为中心组建的 M+A 作战小组,是基于组内分工协作形成的以 M 为中心的小型作业单元。
③ S(store manager)是商圈经理、店经理,通常指一个门店的实际经营管理者。

负责组织锻炼、制定运动计划；团队财务大使，负责团队财务管理，是团队费用支出的第一审批人和责任人，这些岗位都不是专职的，而是由团队成员兼职的，所以称它们为虚拟组织。

⑤管理财务。现金流对于一家门店的正常经营有着至关重要的作用，但是很多店东并没有主动去做现金流的预算与管理，也不知道该如何做。在日常经营中，他们更关注业务的开拓和业绩指标，对成本费用关注不够，一旦遇到市场波动或是疫情这样的不可预知因素，往往会给门店带来灭顶之灾。所以，一家门店要想健康经营，有抵御风险的能力，就要有完善的财务管理体系，对于盈亏平衡点、固定成本占比、变动成本率、门店租金以及装修分摊的业绩占比阈值、人工成本阈值等重要指标要精确掌握。

⑥设定目标。想要做千万门店，就得有高目标，并对目标进行拆解，然后落到具体行动中。以单月业绩目标突破百万为例：

百万业绩＝经纪人数 × 人均业绩

其中，经纪人数＝期初人数＋招聘人数－期初人数 × 流失率，同时需要根据过往的人效，思考需要配置多少经纪人。

百万业绩＝新房业绩＋二手房业绩＋租赁业绩

其中，新房业绩＝新增客户数量 × 带看转化率 × 带看成交比；二手房业绩＝房源端业绩＋客源端业绩，同时需要思考每个业务板块配置什么资源。

当然，还可以将目标拆解得更细，比如房源端业绩是多少，需要增加多少套房源等。

⑦持续学习。我们正在经历时代变迁，知识更迭速度非常快，过去的成功经验，很可能是未来失败的开始。幸好现在的学习途径很多，德佑内部有各种线上、线下培训，外部有各种知识平台和软件提供的知识服务，所以我们其实并不缺学习的途径。关键是学什么？跟谁学？

我的建议是，一定要将知识分模块、系统化学习，做好学习笔记的记录和整理工作，形成自己的知识体系。比如，我听了5个人分享绩效管理，我就把他们的核心观点都整理在一个文档里，看看哪些观点是一致的、共通的，哪些观点是有差异的，为什么会有差异，应用到我的团队里哪一种更合适。千万不要今天学一招，明天学一式，然后马上付诸行动，让整个团队都跟着你的指挥棒东一下、西一下，无所适从。很多时候，人们觉得自己什么都懂，但还是过不好这一生，核心原因就在于此。

千万门店的成长路径是店东能不断突破自我，而且懂经营，希望所有店东都能领会到"聚人、理事、管自己"这三方面"21条秘密"的精髓，如图1-2-1所示，结合自己门店的具体情况

图1-2-1　千万门店经营的"21条秘密"

"因店制宜",将自己的长板延伸到足够长,融会贯通,获得业绩的迭代增长,最终实现赢在门店的理想。

3. "7店魔咒"

通过长时间的观察,我发现一个现象,很多店东都逃不开"7店魔咒",从1家店开到3家店、5家店,再到7家店,然后就关店。一位宁夏店东的门店数量快速增长到7家,然后又快速关到只剩1家;一位苏州店东的门店开到7家,然后关到只剩3家,之后又开到7家,到现在又变成6家。这两位店东只是众多扩展店东中的典型代表,有太多店东经历过这种"拉抽屉"的过程,门店开开关关,数量难以突破。

为什么7家店会成为店东的魔咒?这背后的原因是什么?

其实,方方面面的影响因素很多,但最核心的原因是店东组织能力的缺失,他们更多的是依靠个人能力在经营门店。开店靠店长,店长选对了,店就开成了,这是一部分人的观点,但长期观察下来发现,仅仅依靠个人能力的开店模式缺少可复制性和可延展性,门店未来的扩张风险也非常大。如果店长觉得报酬少或是遇到其他问题,完全可以自己出去开店,为什么要跟着你干呢?所以,店长一旦辞职,门店经营就会受影响,多数情况下只能关店。

"7店魔咒"现象说明门店管理更多的是依靠人治,而不是依靠科学的管理和完善的机制。开大店要做好三方面准备:人才准备、钱财准备、效率准备,没有效率的扩张等于慢性自杀。多

店扩张一定是在组织能力大于个人能力的情况下实现的。(如图1-2-2所示）

组织能力既包括文化体系搭建能力、科学管理能力及招聘能力，又包括培训体系、薪酬绩效体系和新人成长机制、人才选拔及晋升机制、合伙人机制等。店东拥有强大的组织能力，一方面，可以帮助店长提高门店经营成功率，另一方面，也能为门店储备优秀人才，一旦店长离开，后备店长可以立即补位，使人员流动对门店的影响降到最小。

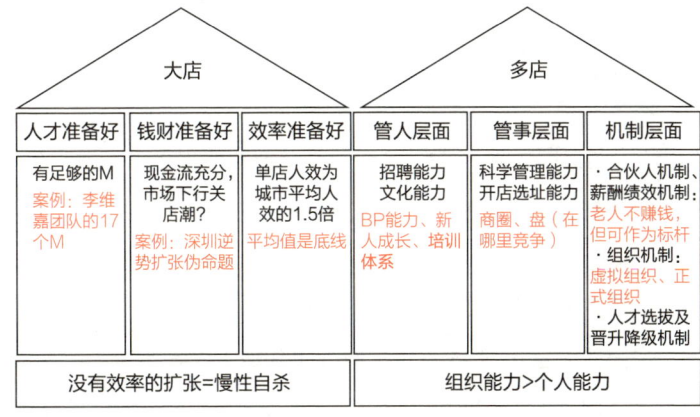

图 1-2-2　开大店、多店要做的准备

如何有效发挥门店中三类组织的作用呢？

①正式组织：S/M/A+ 职能。其中，不直接参与业务的人，在财务上都会体现出成本的增加成本，而没有直接收益。但这并不是说这类人才不重要，只是提醒店东，增加每一个后台运营人员、总监 D 或者商圈经理 S，都要算好财务账。

例如：一家门店的年业绩为300万元，毛利率为20%，利润为60万元，按照门店业绩的10%给商圈经理提佣，为30万元，那么，他相当于拿了门店利润的50%；如果市场下行，这家门店的业绩降到200万元，门店毛利率降到10%，利润为20万元，如果商圈经理仍然按照门店业绩的10%提佣，几乎完全覆盖了门店利润，相当于老板给店长打了一年工。

针对这种情况，有以下几点建议：

一是对商圈经理进行分级，新晋升的商圈经理为S1，团队人数在10人以下，团队业绩不突出。这个级别的商圈经理自己可以做业绩，以个人业绩提升团队业绩，以得到最基本的业绩保障。

随着团队规模的扩大以及业绩趋于稳定，团队人数达到10~15人的商圈经理为S2，这个级别的商圈经理可以不做业绩，按照业绩提佣和利润提佣孰高原则进行提佣，业绩提佣的点位可以低一些，利润提佣的点位可以高一些，让商圈经理增强经营意识，能够更多地关注经营成本。

当团队人数达到15人以上时，团队趋于成熟和稳定，业绩也能够达到较高的标准，这时，可以将商圈经理发展成门店合伙人，按照管理分红和投资分红双维度设计薪酬，增强商圈经理的主人翁意识和在门店长期发展的动力，如果业绩稳定，同时能够培养和输送优秀人才，可以考虑将其发展成公司事业合伙人。

二是如果门店数量没有达到7家，不要轻易设立总监，因为一个总监的成本会吃掉门店的大部分利润。

三是后台运营人员尽量少，非必要不设专岗，可以利用虚拟组织实现。

②储备组织。人才是一个公司能够长期发展的根本保障，人才被选拔出来以后，还要进行系统培养。对于人才的选拔一定要有明确的标准，还要有动态的进入和退出机制，例如，使用季度业绩指标、活动量指标以及价值观考核等进行评定，优则进入，劣则淘汰；之后，要制订明确的培养计划，以帮助这些人才更快地成长。储备组织的存在为企业凝聚起了强大的力量，这样的企业"走出去"的时候会非常稳健，也可以解决裂变时缺少可复制性、可延展性的问题。

③虚拟组织。在不增加人力的情况下，虚拟组织帮助店东承担了很多管理职责，让团队更有效率地向前发展。虚拟组织的核心是授权与分权，所以找到各个领域的专家，让他们成为店东坚实的左膀右臂是关键。同时，要通过人才培养计划的实施，对团队成员进行模块化训练，让团队核心成员在各个模块中轮岗学习，系统掌握各模块需要具备的能力，并尽可能多地提供实战机会。

这里总结出了门店经营中的四个痛点，希望大家能够引以为戒。

①店东不能以身作则。探究门店经营失败的原因，最关键的就是店东做甩手掌柜，将门店完全交给所谓的职业经理人或者商圈经理S。换个角度想想，店东对自己都不能严格要求，不能成为员工的榜样，凭什么要求员工把工作做好，又如何能把店管好呢？有的店东自己穿着短裤、花衬衫上班，却要求经纪人必须穿西装、打领带，经纪人会做何感想？客户会做何感想？请记住一

句话：员工是看着领导背影做事的。

②路径依赖。时代在进步，各种情况都在发生复杂的变化，店东仅仅依靠过去的成功经验是不可能经营好现在的门店的，进行迭代成长是店东自我提升的重要路径。我们将成功门店的最佳实践总结提炼，就是为了帮助店东打破思维定式，获取新的经营理念。

在德佑的门店里，有些老经纪人不喜欢学习网络知识，依然靠传统的作业模式等待客户进店，希望通过转介绍、老社区和老客户带来业绩，坚持不从线上开拓业务。然而，在客户信息搜索路径改变，线上成为主要搜索入口，同时，客户首次看房习惯也在慢慢转变的今天，仍然不重视线上业务开拓的经纪人，势必要遭到淘汰。如果这样的状态持续下去，你就没有好好利用贝壳的品牌优势，也就享受不到贝壳带来的红利。德佑的一些优秀门店，其线上成交占比已经达到50%~70%，但那些沉浸在传统管理模式中的门店，其线上成交占比不超过10%，甚至是零成交。这真是一件很令人悲哀的事情，原本可以达到1+1大于2的效果，结果却原地踏步，停滞不前。

③人员大量流失。人才对房地产经纪行业来说太重要了，店东的领导能力强，就能留住人，让经纪人有足够的成长时间和沉淀时间。在这种情况下，即使店东的管理能力差一点，门店业绩也不会太差，我们反复强调领导能力比管理能力更重要的意义就在于此。

④盲目扩张。这指的是在人才、钱财、能力没有准备好的情

况下的盲目扩张。常见的盲目扩张的表现有三种：一是缺乏扩张策略，没有将资源集中到主力作战商圈，而是进行跨度很大的扩张，商圈经理、经纪人被调到距离很远的新商圈，因为水土不服，长时间产生不了业绩；二是储备人才不足，原来一家门店十几位经纪人的团队，像握紧的拳头一样拥有足够的力量，但被拆分后，由于人才储备不足，团队作战能力下降，不仅无法支撑新门店的业绩，原来门店的业绩也持续下降，顾此失彼，得不偿失；三是盲目引进管理者和团队，新门店为了快速扩张，店东不惜高薪挖来大直营公司的店长、商圈经理，甚至带着团队一起加盟，但事实证明，仅仅依靠经济利益的连接极其脆弱，今天你可以用高薪挖来他，明天别人就可能用更大的诱惑挖走他。

从众多失败案例中发现，门店业绩差、亏损倒闭，根源都在老板身上，无论是门店经营中的问题，还是企业管理中的问题，归根结底都是管理者的问题。

4. 德佑赋能与管理：共创共建

在上一章中，我们得出了店东组织能力缺失的结论，并分析了门店经营的痛点。德佑要做的就是通过不断给店东赋能解决问题，同时，通过强有力的管理，让门店的经营更上一层楼。

德佑的赋能分为三个阶段：

第一个阶段是堂授式培训，主要通过红柚学堂、领航峰会等线上、线下不同的授课形式赋能。

第二个阶段是交互式赋能，主要形式为勇哥私董会、研习社、工作坊、案例研讨等。

第三个阶段是将店东分类分层，对处于不同发展阶段的店东，进行差异化的赋能和支持。目前，我们已经启动的相关工作有管理咨询、德佑线上交互产品和工具的开发和使用，比如聚YOU用，可以将它看作店东运营和管理工具的市集。

对于德佑的产品和工具，很多店东都反映，听的时候觉得很好，也想采取相同的做法，可是不知道怎么落地。于是，德佑将它们做成线上的产品和工具，采取"秒懂百科"的形式，解读产品和工具到底怎么使用，这样就将一个理念性的东西向深层次推进，并最终落地。比如，原来德佑是在线上聚合头部店东的培训课件、视频和音频，但我们希望大家能够更加深度地参与，所以通过线上带流量或者在德佑之家做营销活动的方式，将这些产品和工具传递给店东，当他们拥有了好的使用体验后，就会通过口口相传扩大影响力。

那么，这些内容从哪里来呢？从头部店东的经验和实践中来。

德佑帮助头部店东提升组织能力、制定规则机制，包括薪酬绩效机制、升降级机制、人员选拔机制、合伙人机制、人员培训和培养机制等，将头部店东好的实践与德佑总部强大的中后台能力匹配起来，变成线上的产品和工具，力求覆盖更多店东。

德佑之家是从领航者头部店东的小圈层社群运营开始的，最初有300人左右，之后才将它搬到线上；如今的德佑之家已经从领航者的线上学习、交流平台转变为向全体德佑人开放的线上学习、交流、互动平台，真正成为德佑小伙伴共同的家！针对每个个体的差异化需求，德佑之家精品栏目不断迭代：2019年11月，《千帆千语》栏目上线；2020年2月，《实战锦囊》栏目启动；2021年8月，店东专栏重新上线；同月，《战地笔记》重磅推出，各精品栏目累计发稿超过300万字。德佑之家的成长过程是德佑和头部店东共建共创的过程，期待我们能够产生出更好的产品和更多有价值的内容，并覆盖更多优秀店东。

当然，运营产品的基础和关键是从供需两侧解决问题。从需求侧来说，主要是店东对产品和工具的需求。从供给侧来说，要深入思考以下问题：如何提供更多供给；如何让店东乐于分享好产品和好工具；如何让店东产生不断迭代的积极性；如何制定规则和机制，促成以上问题的解决。为了给头部店东提供更多曝光机会，一方面，德佑从线上为他们提供场域，让他们在勇哥有约和勇哥私董会上进行分享；另一方面，从线下邀请优秀店东作为讲师去授课。未来，德佑会对课程进行不断的迭代，使之常用常新。

为了让头部店东更有动力进行分享，德佑会对他们进行更好的激励，同时，他们分享得越多，德佑给予的扶植和曝光机会也越多，这就进入了一个良性循环——分享越多，获得的收益和激励越多。这种激励有物质层面的，但更多的是在精神层面，德佑希望帮助更多店东实现自身价值，尤其是腰部店东，期待他们通过自我提升能够做得更好，成为头部店东，再去分享自己的经验。这是一个庞大的系统工程，德佑现在做的仅仅是个开始，之后还有很长的路要走。

赋能让店东学到很多，管理则让店东将学到的东西落地，并且实现自律。德佑对店东进行的赋能和管理是从总部和城市两个层面实现的。

①从总部层面看，对店东的帮助更多地体现在基础中台的搭建上，这也是德佑的核心能力所在。德佑坚持强管控，但之所以店东能够接受近乎苛刻的管理要求，是因为德佑可以帮助他们创造价值。

德佑规模很大，面对全国各地如此多的门店，我们是如何把握收权与放权的尺度，让店东最大限度地发挥创新力，又不越矩的呢？就是遵循了六字秘诀：管底线、拉上线。具体来说，管底线就是制定统一的品质标准，不让一个害群之马把整个品牌、整个组织毁掉，这是必须严格执行的；拉上线就是让头部店东持续进步，不断提升天花板的高度。

②从城市层面看，主要采取一城一策、因地制宜的策略。举例来说，德佑长春总经理娄喜峰将加盟店当作类直营店来管理，在加盟初期，门店规模不是很大的阶段，很多工作他都亲力亲为，比如，新房的集中带看，一起踩盘，一起空看；涉及业务管理的有述职、报岗指标的跟进、晨夕会的召开，甚至对会后所发照片的检查等。娄喜峰在履行管理职责之前，会和店东进行充分沟通，他说："我的目的是帮助大家提升业绩，也许你会很烦，质疑我为什么有这么多要求，但是业绩的增长能证明一切，而且这样的做法也会得到店东的认可，这是双赢。"

其实我们并没有给予娄喜峰任何物质奖励，但是他做成了这件事情，帮助店东取得了业绩增长，获得了自我成长，他自己非常开心。德佑的每一名干部也好，员工也好，工作的第一准则就是要贴近业务、贴近店东、贴近一线，做能够为店东创造价值的事情。当你为店东和经纪人带来业绩增长和能力提升时，自己的价值也能体现出来，也非常有成就感。

5. 房地产经纪职业是否会被人工智能取代

同在一家门店，使用同样的操作系统，为什么经纪人的业绩方差如此巨大。优秀的经纪人一年可以实现百万元甚至几百万元的业绩，而做得差的经纪人一年也就成交两三单，业绩非常惨淡。

我通过长期的观察发现，经纪人业绩低下的行业本质是经纪人与客户交互过程中的信任链条断了，无法形成信息闭环。当客户与经纪人首次接触时，无论是线下门店接待，还是线上商机，如果经纪人用假房源或其他方式欺骗了客户，那么双方之间的信任链条就断了，这单业务也就到此结束。但如果经纪人能够通过自己专业的态度、诚信的服务赢得客户信任，交互链条就能延伸下去，顺利进入房源匹配和带看阶段。

在带看阶段，如果经纪人不够专业，对于客户提出的问题不能给予专业解答，或者没能充分了解客户需求，选择带看的房源总是达不到客户预期，与客户也没有更多的情感交互，那么带看结束也就意味着服务的结束；相反，优秀的经纪人总是在带看过程中设计一些场景，给客户的孩子、老人准备一些小玩具、小礼品，比如夏天的防蚊手环、冬天的暖宝宝等，带看时也会制造话题与客户进行更多的交流，同时匹配专业的服务，这样进入斡旋和签约环节的概率就会大大提高。

签约阶段的重点在于对客户进行情感补偿，赢得客户的信任。很多客户都怕自己买房买贵了，或是中介费交多了，所谓情感补偿，就是经纪人要在情感上理解客户，并表现出对客户顾虑的认同，同时通过专业的数据和有价值的服务、承诺等让客户感觉物有所值。

很多经纪人在签约前和签约后对待客户的态度截然不同，签约后烦琐的网签、面签、抵押、过户等环节统统交给交易团队去做，客户再找就爱答不理，成交就意味着"绝交"。优秀的经纪人是怎么做的呢？在优秀的经纪人眼里，成交是长期链接的开始，他们会在客户搬家时送一盆绿植，逢年过节时送上祝福和适当的礼品，日常保持定期联络，将客户慢慢变成朋友，赢得并保持客户对自己的信任，这样未来客户再有买卖房子的需求，或者亲朋好友有需求，他们会第一时间想到你。（如图1-2-3所示）

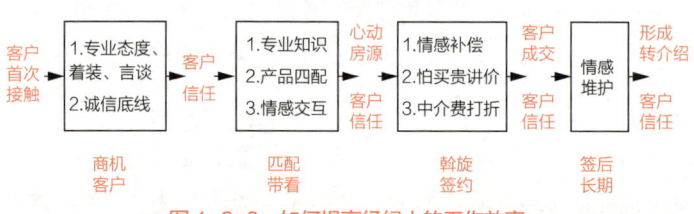

图1-2-3 如何提高经纪人的工作效率

房地产经纪行业是一个需要积累和沉淀的行业。沉淀绝不是简单的时间的累积，而是服务意识的增强，是业务能力的进阶，沟通能力的提升和线上能力的迭代，这些认知和能力终将转化为经纪人的重要客户资源。

如果经纪人只关注短期利益，比如房、客、带等环节，那么他将陷入处理这些紧急的、短期的事务的无限循环中；如果经纪人能够关注长期规划，做一些可持续的事情，比如社区活动、定期回访老客户、线上积分、学习演练等，这必将成为你未来赢得客户信任的核心竞争力。

发自内心的善良与真诚、不求回报的付出、用心服务好新老客户，才能获得最佳口碑。"百术不如一诚"，融入社区，成为社区的一分子，与客户守望相助，做社区的好邻居；同时，保持微笑，时间会给你满意的答案，就像日本保险行业提出的"微笑是通往世界最好的护照"，因为没有人会轻易拒绝一个真诚的笑脸。

从与客户的首次接触开始，到整个服务的结束，交易链条很长，而且非常复杂和特殊，所以从现阶段看，房地产经纪人是不会被人工智能取代的。

从连锁行业的横向比较看，因为连锁店配备的都是标准化产品，使用的是标准化SOP[①]，所以对连锁餐饮店或者连锁超市考验的核心是供应链能力，对于门店的作业人员来说，交易链条的复杂程度有限，要求并没有那么高。

---

① SOP 即 Standard Operating Procedure，一般指标准作业程序。

但是从房地产经纪行业本身来看，它的很多特性决定了它的复杂性。

一是房地产交易链条非常长，而且房屋的产权性质种类多样，各种税费名目繁多，无论是签约前、签约中，还是签约后，情况都非常复杂，无法用一个简单的、标准化的 SOP 去定义。通过网上直接下单进行房屋交易几乎是不可能的，即使现在 VR 带看技术获得了长足发展，客户跟随经纪人实地看房也是必不可少的。

房源属性、产权性质有上千种；客户属性、购房资质也是种类繁多，这些让房地产交易非常烦琐，每个客户操作方式的不同和涉及的税费种类的不同，更加剧了交易的复杂程度。

二是房地产交易低频、高标。房地产交易的频次较低，交易标的巨大，对于大多数购房者来说，买房都是人生中最重要的一笔交易，容不得半点闪失。

三是比较关键的一点，即房地产经纪业务呈现双漏斗特征。如果产品是固定的，客户是变化的，这是单漏斗；而房地产经纪行业，一方是业主端，另一方是客户端，两方都是动态变化的，这就是双漏斗模型，而且变化的两端还需要做动态匹配。

什么叫动态匹配？小区不同、楼层不同、装修不同使得房源千差万别，产品端的每一套房源都是独一无二的非标准化产品，这样一来，匹配客户需求的过程本身就足够多样，足够复杂。与此同时，业主端的房子也是差异非常大的，房子是满两年的还是满五年的，是唯一的还是不唯一的，在税费上都会有不同体现。

另外，房源端还要叠加人的因素，考虑业主和客户的心理波动。如果业主和客户心情舒畅，沟通顺利，那么有可能业主愿意降价卖房；如果业主当天心情不好，和客户交流遇阻，就很可能谈不成，这种情况在实际交易过程中比比皆是。业主的情绪状态随时变化，有可能今天还是急售，明天就不那么急了。经纪人要做的是斡旋、撮合，因为存在太多的不确定性，所以对于一线操作人员的能力要求非常高，很难快速上手。

过去的房地产经纪行业确实存在很多问题，整个行业高速增长，即使企业没有提升效率，只要保证不掉队，也能发展得很好。但是，随着整个行业增量发展期结束，以及竞争加剧，过去的做法不再适用，在新经纪时代，产业链需要被重塑，只有能从根本上创造价值、提升效率的企业和经纪人才能存活下来。

产业变革有两大方向：数字化的价值全面崛起和服务者的价值全面崛起。这两大变革方向都指向用户服务的品质升级，都是为了提升整个供给端的服务确定性，从根本上消除客户对房地产经纪行业的负面印象，为客户提供真正有价值的服务。房地产数字化产品会向更高的数据浓度、更智能化的交互体验、更全方位的服务提供等方向发展。人工智能一定会助力经纪人和消费者效率的提升，值得期待。

6.下行市场，穿越周期

很多人问我："在下行市场如何提升人效？"逆势提效本身就是个伪命题，市场整体都在下滑，你要去逆周期增长效率，几乎是不可能完成的任务。我的建议是不要浪费一次危机，在危机下，你可以做的事情还有很多。

关于如何穿越周期，我写了八条建议：控规模、降成本、稳骨干、多激励、留资金、精耕耘、强租赁、练内功。

一是控规模。对于大部分门店来说，下行市场肯定不是扩张的好时机。别人都在关店、收缩的时候，你自己活下来不关店、不收缩就已经是在扩张了，因为此时你的占有率更高，你和社区的黏性更高。

二是降成本。门店经营中涉及很多小钱，零头怕整算，把零头加起来，也是一笔大钱。有些店东在员工激励上比较随意，只有进行成本核算时，才发现支出并不合理，奖励的目的性也不强，所以店东应该有规划、有体系地"花钱"。

三是稳骨干。一个团队的核心是优秀的人才，所以，店东不仅要留人，更关键的是如何把骨干人才留下来。所谓"千军易得，一将难求"，如何找到这个"将"，并把他留下来，是一个团队长期发展的核心。有些门店会给骨干提供保障薪酬，这等于老板自己掏钱贴补经纪人。市场下行，赚钱很难，所以老板把自己的利益让出来，与经纪人共渡难关。

四是多激励。在市场上行时，门店业绩好，发奖金当然是一个短平快的激励方式，但激励不仅仅是发奖金；在市场下行时，更需要的是精神层面的鼓励，比如树立荣誉标杆、增加培训，这些能够在更高层次上满足经纪人需求，它需要店东去思考如何做才能更好地凝聚人心，激励团队。

五是留资金。留资金主要指的是现金流管理，这是一个企业的生命线，现金流储备越充分，企业根基越稳固，抗风险能力越强。市场上很多公司倒下，不是因为营收损益风险，而是因为现金流断了，无力回天。

六是精耕耘。越是市场下行时期，越是埋头苦干的时候，房、客、带、目标管理等围绕业务的精细化管理就越要到位，只有这样，经纪人才能形成排他性的竞争力。

七是强租赁。买卖市场波动大，租赁市场波动相对较小。深圳店东束鹏程原来一年只做五、六单租赁，但随着深圳市场的变化，他转变了策略，将主攻业务放到租赁上，一个月做到了60张租赁单，这些单子可以让一个门店活下去。可能有些老经纪人不愿意放低姿态做租赁，但是束鹏程说："做租赁不丢人，开不出单子才最丢人。"在下行市场，我们都要心态归零，重新开始。还有一个东莞的品牌主，之前一个月做300张租赁单，现在一个月做1000张租赁单，租赁给他带来每个月240万元的业绩，这是非常好的业绩。

八是练内功。这里强调的是组织能力。我们赋能店东也好，店东自身学习也好，最终都是希望能够搭建团队机制、团队规则、薪酬绩效体系和人才培养体系等。不想浪费一次危机，就要在危机前做好以上事情。

也许，有一些改变早就该做了，是危机将其提速，并将这种改变与生死关联起来，帮助门店生存下来，在危机中浴火重生。

赢在当下，赢在门店！

策略与文化

PART 2

在德佑经常说的一句话是:"我们做的是价值观的生意。"赚钱虽然很重要,但是当你和你的团队在面对"什么钱可以赚,什么钱不能赚"的抉择时,文化就开始发挥作用了。

企业的经营策略是文化价值观的外化,而文化价值观的体现则依赖于店东的精神风貌和身体力行,店东对待事情的态度和看法,将会通过自己的经营策略、管理行为等传递出来。

文化是方向,策略是过程。企业文化应该明确公司的定位、业务和具体怎么干三个问题,文化对企业的发展战略起到导向性作用。策略是目标,文化是手段。企业文化展现的核心价值观对企业战略起到支持、保障和促进作用。

品质是德佑的生命线,合作是德佑的 DNA,打造学习型组织,成就优秀经纪人,是德佑的战略选择和价值观体现。对于企业来说,通往成功的路径并不唯一,品质之路注定难行,但这样我们走得更稳。

第一章

力出一孔：七大激励方法成就员工 打造能赢得战斗的团队

沈德志，2012年7月入行，从经纪人成长为大区总监。2018年创业后加盟德佑，创业时团队7人。2020年培养7名商圈经理、20余名M店经理，团队人数突破100人。

一、如何成为高效管理者

如果一个团队的管理者能够让团队价值最大化，资源利用效率最大化，还能帮助团队成员快速成长，那么他一定是一个高效、称职的管理者，是受到大家爱戴的店东。

1. 高效管理者必备的三种能力

（1）情绪管理能力。

无论一个人的能力有多强，如果他无法掌控自己的情绪，即使再努力，也无法获得别人的认可与信任。创造力的作用巨大，但伤害力的作用也非常大，伤害的能量来源就是情绪。管理情绪就是管理人生，情绪是第一生产力。正是因为认识到了这一点，所以我们每个月会安排一次出游，举行不同的比赛，而且鼓励大家休年假，通过这些方式让大家获得正向激励。很多老板特别怕把时间都放在出去玩上，觉得会影响工作效率。其实不然，情绪紧张是不利于团队协作和个人能力的提升的，张弛有度才是健康的情绪管理。

（2）时间管理能力。

对于管理者来说，最有价值的资源是时间，如果店东意识到这一点，将对门店的经营管理起到非常重要的作用。接下来，店东就要对将时间投入到哪里以及如何利用时间进行深入思考并付诸实践。

（3）认知升级能力。

在成为管理者之前，经纪人最大的成就是让自己全力以赴地学习；当成为管理者之后，店东最大的成就是让团队持续学习。总结起来就是，店东要做学习的冠军和团队成长的教练，这是管理者的职责。基于此，你的团队会发展得非常快。

2. 情绪管理能力比业务能力更重要

图 2-1-1 是一张能量层级图，一个管理者的情绪管理能力能够代表一个团队的能量，每一位店东都要对照这张图中的标准进行反思。

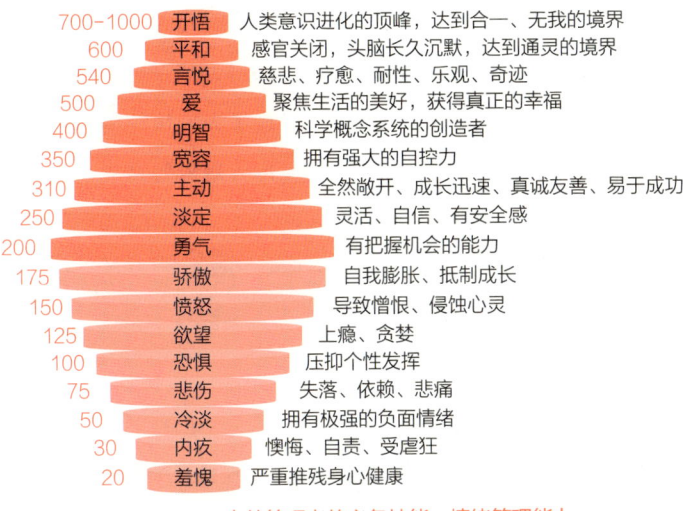

图 2-1-1 高效管理者的必备技能：情绪管理能力

情绪的伤害力非常巨大。我曾经在一次关于商圈经营的课程中问经纪人："你们每天早上开晨会吗？能坚持天天准时开吗？"当时，那个团队的经纪人给我的反馈是不到 1/5 的时间能开晨会。当被问道剩下 4/5 的时间为什么不开时，有人回答："不是不想开，是因为开会的时候经常控制不住自己的情绪，会伤害到团队中的小伙伴，所以不开了。"因为无法控制自己的情绪，所以选择不开晨会，你认为这件事是对还是不对呢？绝大部分人认为这样做是对的，因为如果在控制不了自己情绪的情况下开了晨会，很可能对团队成员造成更大的伤害。

要想调整情绪，就要进行反思，门店经营中的一个理念是管理团队就是管理自己，这也是管理者必须做好的一点，因为解决任何人的问题都不如解决自己的问题来得有针对性。

因为每个人的认知不尽相同，所以对于生活、工作中的人和事，每个人的看法也不一样，这就造成了人们情绪的差异，不同的情绪又会导致不同的行为，进而形成迥异的结果，这样的结果不断累积，最终决定了每个人的人生。当了解这样的因果关系以后，你会发现团队中发生的所有事情好像都是应该发生的，没有对错之分，而把错事做对，变成好事，才是管理者应该做的。

那么具体该如何做呢？最重要的就是了解自己。有句话叫："知人者智，自知者难。"了解自己就要找到自己的光明面，就是能够给他人带来帮助的那一面，而黑暗面是会给别人带来伤害的那一面。当你发泄情绪的时候，如果察觉自己的坏情绪已经伤害到团队成员了，请赶紧按下暂停键。你可以告诉身边的伙伴，如果有一天自己的情绪无法控制时，请他们及时提醒自己，不要放任自己的坏情绪肆意发泄。

这里跟大家分享一个真实案例。我的团队里有一个商圈经理，他非常认可要做好情绪管理这件事，但是经常无法控制自己而发脾气。所以，他跟团队中他最认可的伙伴约定，当他无法控制自己情绪的时候，那个伙伴必须说出"情绪"二字来提醒他，他把这个伙伴叫作自己的知识系统。之后如果再次发脾气，就要给整个团队发红包，这会让团队的氛围瞬间变好。这个办法屡试不爽。

我认为人的所有性格的特质，在特定时间、特定空间都有可能呈现出积极的一面，所以对于团队中的问题成员，如果跟他动之以情、晓之以理，他却无动于衷的话，可以让那些脾气暴躁的家伙对他们进行情绪激昂的批评，也许能让他们长记性。这有点以毒攻毒的意思，所以一定要选择好时机。

一个无法掌控自己情绪的管理者，不能称之为好的管理者，因为他对团队的伤害是不可预料的。当一名管理者能够管理好自己的情绪时，整个团队才能逐渐聚集正向能量。

3. 时间管理能力的核心是资源管理

这里提出两个问题：

一是一个团队中的两名成员，其中一个特别能干，每个月都能取得较好的业绩，另一个工作毛毛躁躁，经常拖团队的后腿。作为管理者，你会为谁提供帮助？二是当团队中有人找你解决问题，你会马上放下手里的工作去帮助他吗？回答完这两个问题，你就会知道自己的时间都用在哪了，用得是不是有价值。

在门店经营中，可以从以下三个方面进行时间管理：

第一，"管人"的时间分配。切记：先和优秀的人交流，再处理问题成员。

跟大家分享一个案例：一个朋友跟我说他调到了一个新区做了三个月，通过复盘发现，虽然自己特别努力，但是这个区域却没有太多改变，这让他非常愧疚。这三个月中他其实干了很多事，比如将区里排名后 30% 的门店店东拉在一起建了一个群，每天给他们讲如何做线上管理，每天和他们通两次电话，花费了大量时间在他们身上。但是，三个月后却发现这些人没有任何改观，最头部的店东业绩居然下降了，区域整体业绩也更糟糕。

大量数据显示，团队中90%的拖后腿的人，其最主要的问题都是态度问题，所以当我们把精力放到问题人物身上时，要明确他的问题究竟是能力问题，还是态度问题，如果是态度问题，一时半会扭转不了，不妨先放一放，把精力放到那些有意愿的人身上，因为大多数情况下这些人都是有能力的人，他们不仅态度积极，而且会通过思考找到很多解决问题的办法，投入到他们身上的时间的价值是最大的。所以，"管人"的真正逻辑就是帮助最好的人。

很多人都会有这样的感觉，就是我这一天特别忙，没有任何空闲时间，但是计划中的事情一件都没干，一天就过去了。正确而有效的做法是做好规划、定好日程，不要让宝贵的时间总被突然发生的事情侵占。

总之，在"管人"这件事上最重要的一点就是把时间用在"不需要"你的人身上，把他们对你的帮助、对团队的价值发挥到最大。

第二，"管事"的时间分配。

将事情进行分类是管好事的第一步。每天早上上班第一件事就是把当天必须要做的事情罗列出来，然后确定哪些是能够推动团队发展和推动业务开拓的要事。每个团队所处的阶段不一样，"管事"的侧重点会有所不同，在团队规模比较小的时候，店东的精力会放在招人和培训上，而团队稳定以后，店东的精力会更多地放在研究如何利用工具、如何完善管理体制等问题上。安排好"管事"的时间，是管理者必备的一项能力。

这里跟大家分享一下我自己的心得体会。

每天早上我会用一小时处理杂事，然后开始列当天的工作清单，并找出最重要的三件事，也就是所谓的关键节点。曾经有一个月我只在团队里待了三天，但我丝毫不担心我的团队会有异动，因为这三天的时间管理我做得很好，关键节点抓得非常准，即使我不在，团队也始终能在正常的轨道上运行。

我在团队的三天是这样规划的：第一天是在月底，我带着团队成员一起复盘，总结这个月做了哪些对取得业绩有帮助的事，分析哪些目标没有实现、原因是什么，并确定哪些问题是接下来要解决的；第二天是在月初，我们举行了月度激励大会和动员大会；第三天进行了团队管理层述职。

店东的管理效果不以投入管理的时间长短定夺，是否能够合理规划时间，高效进行时间管理才是最重要的。当然，尽可能多地与团队成员在一起，对于团队的成长更有利。

第三，学习的时间分配。

对于店东来说，学习的驱动力来自外部和内部两方面。外驱力是在团队出现问题后产生的，店东需要通过学习寻找解决问题的办法，在主动学习的过程中，团队伙伴也会在这种氛围的影响下去学习，从而对团队产生正向引导；自驱力是在自我提升的诉求下产生的，学习不仅能够帮助我们解决问题，还能够让我们不断变强大。我每个月至少会拿出三天时间学习，长期坚持下来，我发现自己越来越自信，因为在学习的时候，我可以跟很多牛人交流，学习他们思考问题、解决问题的方法。所以，有些店东向我咨询的时候，我能够给他们提供很多可行的解决方案。

在学习时要遵循四个原则：

一是学会放下。最重要的就是放下工作，更直白一点说，就是放下手机。店里很多事情需要解决，但一边工作一边学习的状态肯定不是最好的，你既然想要学习，就要做到全身心投入。

二是空杯心态。当学习新知识时，一定要暂时抛弃过去的经验，才能不断地"查漏补缺"，完善自己的知识结构。如果总是将现在所学与之前的经验做比较，就会处在新旧知识、新旧经验的博弈之中，收获就会大打折扣。

三是放下身段。团队的管理者一定要和自己团队的伙伴一起学习，因为管理者不是团队伙伴学习的监督者，所以不要高高在上，指责他们学不好。在学习场景里，管理者只是一个学员。

四是要分享，这一点是最重要的。学习之后，一定要将所学完整复述给团队伙伴，这有助于对知识的理解和掌握。有一个时期，我发现自己的能力提升非常快，因为那段时间我在讲情绪管理课，要不断复盘，总会形成新的见解，再将这些见解应用到自己团队的管理上，形成有效的输出。

学习不只是为了获得知识，而且是为了更好地行动。所以，你在学习的时候一定要明确一点：找出最适合自己的学习内容并坚决落地。管理者在每个阶段需要掌握的能力不同，通过不断学习提升自己的认知。（如图2-1-2所示）

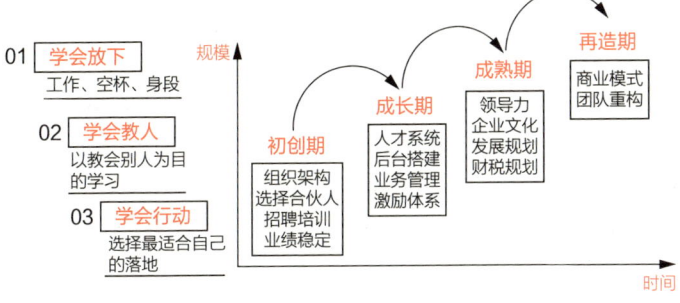

图 2-1-2 不同时期团队成员的培训关键节点

二、如何制定并高效完成目标

1. 立足未来,经营现在

目标就是个人或者系统、组织想要达到的结果,为达成目标,会制订一系列计划。目标有长期和短期之分,长期目标即战略目标,短期目标可以是年度目标或者月度目标。制定目标前要思考五个问题:一是未来五到十年,世界将会变成什么样子?二是在你想象的世界里,你要成为什么样的人?三是要成为那样的人,需具备什么样的能力?四是对现在的自己评价如何?五是希望自己在哪方面有所改变?

在设定目标、实现目标的过程中,要遵循以下三项原则:

第一,有挑战性。设立有挑战性的目标要基于不同人群、不同层级,比如管理者要对结果负责,抓重点;经纪人要对过程负责,做好过程才有好结果。所以说,管理对结果,业务对过程。

第二,有方向性。要确定目标的实现路径,并确定事情的优先级。

第三，有动作。在达成目标的过程中，一定要有标准化的落地方案。比如，门店来了一大批新经纪人，希望他们能推广100套门店房源，但是作为店东，你有没有告诉他们房源推广的路径是什么？有没有给他们提供作业的工具？甚至有没有告诉他们电话应该怎么打？其实，从任何维度都能找到可达成目标的方法，这就是动作。

标准才是实现目标的真正核心，而动作则要细化。落地之后还要检查，检查是确保执行力的最重要保障，要设专人进行定时提醒，对更多优秀者进行赋能，让他们变得更优秀。同时，要管理后进生，教会他们有效的方法，让他们通过复盘不断提升自己。

2. 管理团队的长板，做到"利他"

很多团队的管理原则是日日公示、时时提醒、不断优化、量力管理、及时兑现，在日常实施的过程中发现，有一些伙伴确实做得特别好，但是总拿个人化的标准去衡量他是不科学的，必须要有数据支撑，要进行量化管理。

在一个团队的成长过程中，要有30%的人能够获得持续晋升，60%的人保持相对稳定，10%的人会遭到淘汰，这就是"631法则"。如果一个团队在很长时间里流失率为零，也并不见得是件好事，这样的团队成长的动力是不足的。一个好的团队一定要不断更新团队成员，才能获得成长。

我现在使用的工具是积分管理表，见表2-1-1，这张表能够呈现我们要做什么？执行标准是什么？下面我们看看这张表的具体使用方法。

表 2-1-1 积分管理表

盈长姓名	入职时间	房			带看		客	人员	积分项		积分汇总				积分跑马圈
		新增房、钥匙、三证：20分/套	面访：50分/套	好房：100分/套	好签：200分/套	带看量（一手房：100分/组，二手房：50分/组）	VR带看、房源品：20分/B级/套	线上商机量：10分/个	转介绍面试：200分/个，入职：1000分/个	行政/卫生问题：20分/次（迟到、早退、缺失、着装、玩手机、睡觉、门店20米内抽烟），无上限	请假一天扣200分（倒休奖休不考核）	第一周 10.4~10.10	第二周 10.11~10.17	第三周 10.18~10.24	第四周 10.25~10.31	总积分

激励：
1. 二手房门店经纪人月积分前 5 名奖励 4 张快乐卡；月积分第 6—15 名奖励 3 张快乐卡；月积分第 16—35 名奖励 2 张快乐卡；月积分第 36 名以后奖励 1 张快乐卡。
2. 招聘专员每月完成 20 个面试奖励 1 张快乐卡；每入职 2 名伙伴奖励 1 张快乐卡。
3. 盈长积分第 1 名奖励 4 张快乐卡；第 2、第 3 名奖励 3 张快乐卡；其余盈长和职能人员每人奖励 1 张快乐卡；职能人员完成当月重点目标奖励 1 张快乐卡。
4. 重点工作：①员工转介绍人人奖励 3 张快乐卡；好赞签约 1 套奖励 2 张快乐卡；带看 20 组奖励 1 张快乐卡，每多带看 10 组奖励 1 张快乐卡。
5. 新房团队积分：第 1 名奖励 4 张快乐卡；第 2、3 名奖励 3 张快乐卡；第 4—6 名奖励 2 张快乐卡；其余奖励 1 张快乐卡。

考核：
1. 盈长团队连续 2 周位列倒数后 2 名，进后腿群；连续 3 周位列倒数后 2 名，团长/盈长面谈定考核。
2. 每周盈长积分最后 1 名，写 500 字总结，号问团长述职。

注：
1. 团队所有人需要缴纳 50 元快乐基金，如不交，取消当月所有激励，考核正常。
2. 每次激励奖品数量为人员数量的 80%，快乐卡数量越多，中奖概率越大。公司每月提供价值 3000 元的积分产品。
3. 奖品包括现金、贝壳币、购物卡、加油卡、图书、休假等。

关于标准的指标：时间、数量、质量、成本、上级满意度和客户满意度。关于结果的指标：营业额和利润率。关于业务的指标：一是以带看为核心并搭建完整的指标体系；二是将增长的指标进行拆解，占比最大的是业绩，其次是业务管理，再加上线上管控和团队规模管控。同时，还会匹配一个评分标准，后勤助理团队会把数据整理出来，做出绩效激励，这就是积分管理表的利用。利用这样的数据才能真正衡量出团队成员的成长与发展，并获得每个人的认可，也更有利于管理者与成员的沟通和业务安排。

实现高效合作是一个团队发挥执行力的重要保障。如果不能高效合作，那么团队成员之间的沟通不畅、互不认可、目标不能统一，何谈执行力呢？我们可以从以下三方面进行改进。

第一，扫清沟通障碍。这里要弄明白三个问题：一是你对这些伙伴的工作期待是怎样的？你的伙伴知道吗？二是你希望伙伴采用什么样的方法跟你沟通？三是你的底线和雷区在哪里？你的伙伴知道吗？这三个问题，你和伙伴们都要回答，如果发现答案不一致，你可以采纳伙伴们好的建议，但作为管理者，你有最终决定权。这样的问题回答也是一种很好的沟通方式，为管理者更好地进行门店管理扫清沟通障碍。

第二，成为彼此的支持系统。这里要弄明白两个问题：一是你的伙伴擅长什么？可以为你提供什么样的支持？二是你的伙伴不擅长什么？需要你给他提供什么样的支持？打造团队不是要追求团队的完美，管理团队也不是要管理团队的短板，而是要管理团队的长板，让所有伙伴都能用长板做事，如果管理者一味地让伙伴们改掉身上的毛病，这样的管理注定是低效的。

第三，做到目标统一。无论团队管理者制定的目标有多清晰，团队成员的理解都是不一样的，因为每个人在团队中的角色不同。如何做到目标统一呢？就是要通过不断研讨，让大家对组织目标逐渐认可，并在组织内部达成共识。我经常会向伙伴们提出这样的问题：你认为公司的目标是什么？你个人的目标是什么？为了达到你个人的目标，你会做哪些事？你准备做什么事情辅助他人达到目标？同时，对于已达成的目标要及时公布，对于达成目标有贡献的个人要及时提供奖励，以激励大家更好地奋斗。

每天早上开会的时候，我都会让大家说自己的梦想和当月的目标进度，强化团队目标感。比如，最近在抓带看，我就会问："今天有多少组带看？多少组二手带看？带看做到闭环了吗？没有做到闭环的原因是什么？"当管理者时刻提示目标时，团队的目标就会趋于一致，这种管理的持续性是关键。真正的管理高手在帮助员工完成个人目标的同时，顺带完成了公司目标，这就是"利他"的价值。

三、打造力出一孔的激励体系

1. 关于激励的两个原则

激励原则一：以价值驱动为原则。如果员工能够为门店创造价值，那么就要对他进行激励。价值评价的核心一定是以公司文化价值观为指导的，价值的分配与工作效率、工作质量和管理质量、管理结果相关。

激励原则二：营造"怕失去"的心理状态。一要进行机会激励，比如提供晋升机会，哪怕只是入围的机会，员工也会信心倍增；二要进行目标激励，比如达成目标会有相应激励；三要进行虚拟股分红激励；四要实行末位淘汰，没有淘汰机制的团队，其发展必定受限。

2. 关于激励的五点思考

第一，人是根据利益得失决定付出多少的，即老板给他多少钱，他就干多少活；第二，在跟员工谈感情之前，一定要先把钱谈好，不要因为谈钱伤了感情；第三，利益比道理更有说服力，所以不要光讲道理；第四，激励制度一定要人性化，人性化的制度才能发挥最大的效用；第五，目光短浅，会使格局变小，把眼光放长远，才会有大格局。

3. 关于激励的七种方法

激励包含四种物质激励和三种非物质激励。

四种物质激励方法：一是即时性激励，包括绩效奖金、提成奖励以及目标达成奖励；二是延时性激励，比如工龄性底薪，也可以学习海底捞的七位一体员工奖励体系，进行年终评选等；三是机会激励，给员工提供晋升机会，赋予他们更大的责任；四是事业激励，可以让员工成为店面合伙人。

三种非物质激励方法：一是荣誉激励，比如，为新人设置"最佳新人奖""未来之星"等奖项，这些奖项的评选必须建立在结果量化的基础上。给予新人的荣誉感和价值感，往往比物质更能激发人，很多成为第一的人都不是被物质激励的，而是被精神激励的。能做好精神激励的人，才是管理高手。

二是给员工提供平等的晋升通道和广阔的发展空间。很多管理者都习惯自己承担所有事情，殊不知这样做会把自己拖垮。在团队中，你的能力一定是最强的，所以当你把所有事情都做了，你注定成为团队的天花板，这会压制伙伴们的成长，而我们其实更希望看到伙伴们的成长，并肩负起更重大的责任。我们会为员工提供很多走出去的机会，让他们跟行业中的优秀学员进行交流。为此，我们拿出团队业绩的3%成立了一个学习基金，支持团队成员持续学习，这个基金未来会持续增加，同时提供一些奖励性培训。作为管理者，要善于发现努力的人和具有学习能力的人，这样才能真正用好人。

三是成长激励。兴家学堂就是成长激励培训。第一个阶段针对团队问题，直接面向经理提供培训，及时解决管理中的问题；第二个阶段针对个人问题，根据不同入职时间的经纪人需要掌握的不同技能，做专门的体系搭建和技能通关；第三个阶段针对思维提升，这一阶段的培训主要是依据"721原则"进行实战演练，即70%的部分让团队成员参与，20%的部分讲师提供指导和建议，10%的部分是理论支持。（见表2-1-2）

表 2-1-2　各阶段经纪人培训内容

时间	培训内容	实战通关	毕业要求	荣誉
L1/入职	·公司规章制度 ·企业文化 ·未来发展	·前台接待 ·新房讲盘 ·钥匙房带看	·测验70分以上 ·各个阶段会根据实际情况安排 ·以系统数据呈现为准	每期培训，会根据成绩选出： ·智慧之星（成绩佳） ·模范之星（表现佳） 讲师会在课后进行满意度调查，选出"王者之师（满意度最佳）"
L2/小学 （1—3个月）	·ACN系统培训 ·房地产基础知识 ·租赁业务培训 ·新房业务培训			
L3/初中 （4—6个月）	·如何提高转化率 ·带看前中（二手房买卖）			
L4/高中 （7—12个月）	·100%售后服务培训 ·沟通技巧培训			
L5/大学 （12个月以上）	·职业规划 ·用心服务			

四、在雷同的激励方式中突破创新

一家门店要想在城市中获得核心竞争力，管理者就要具备别人没有的发现人才、培养人才的能力，否则团队裂变特别慢，管理者也会特别辛苦。要做到这一点，管理者就要寻求激励方式的突破和创新。比如，几乎每家门店都会给团队成员过生日，都会买生日蛋糕，那么还有什么可以做的呢？我们团队就尝试了新形式，让每个人给过生日的员工写祝福语，并在月度会议上读出来，这一举动让过生日的员工特别感动，有了强烈的归属感。

所以，激励要多元化、多场景，最好采用与员工面谈的方式进行。面谈是心贴心的交流，一定要一对一，只有管理者和员工的心贴在一起，才能掌握员工的真实想法。管理者自己需要激励吗？当然需要。当管理者谋划好团队管理目标之后，一定要给自己一些激励，做好充分的准备迎接挑战。

一个团队的成功绝对不是偶然的，而是团队文化和经营策略的共同作用。如果说策略的力量是1，那么文化的力量就是100。策略是引导员工的"形"，文化则是塑造员工的"神"，形神兼备、内外兼修的团队才能战无不胜。

第二章

创新策略：从 1 家店到 11 家店

合作共赢下的高效裂变

胡胜利，2020 年、2021 年连续两年蝉联全国德佑店东业绩 TOP1。从业 10 年，实现从经纪人到创业者的角色转换。2018 年 6 月加盟德佑，门店数量从 1 家增加到 11 家，团队人数超过 200 人，并实现跨省发展。经营的 11 家门店中，8 家为示范大店，门店平均面积为 196 平方米。

作为一名行业老兵，从直营经纪人到创业开店，再到合伙人模式的践行者，我用两年零一个月的时间，让团队人数从最初的 60 人增加到现在的 200 余人，业绩从每月 100 余万元增加到每月 500 余万元。2020 年登上德佑万家门店业绩 TOP1，2021 年蝉联此项荣誉。之所以能取得这些成绩，回顾整个过程，我认为是思维方式的转变、合作模式的深化，更是经营策略的创新，让我们团队实现了快速裂变和高速提效。

一、做好保留就会有源源不断的新增

1. 坚决推行合作分边制度

2019年年末,我们团队的人员数量为95人,这一年,我们团队新增了55人。我看到这个数据时不是欣喜,而是震惊和恐慌。因为2018年团队的人员数量已经达到140人,2019年全年新增55人后,年末只剩下95人,这意味着100名员工流失了!

我们团队的业绩还不错,但流失率这么高,到底是什么原因呢?这里将我们的思考和经验分享给大家,希望大家在经历同样问题的时候不要慌,这是门店发展的必经之路,采取有效的方法解决就可以了。

我们团队中的超级经纪人很多,光是百万经纪人就有好几个,所以并不缺业绩。但是由于门店在商圈内的分布比较密集,加上相应制度不完善,导致内部矛盾非常多。尤其是遇到客户重叠时,甚至会出现内部争抢的现象,而结局往往是无论采取什么手段,谁把客户签了,这单交易就是谁的。基于这种情况,我决定推行分边制,即使付出经纪人流失的代价也要推行。上面提到的2019年的100个经纪人就是这么流失的,但我坚信合作必须推行。

分边制的基础规则是无论房源端成交,还是客源端成交,都必须分出三边。根据一个交易多方合作、多边分成的现实场景,将参与分边的人分为两类：房源端和客源端。房源端包括录入和维护、备件和钥匙、实勘和斡旋；客源端包括成交人和合作人。按照经纪人的不同级别划分具体的分边比例。

举例来看，以 M+A 小组的形式执行分边，A1~A2 经纪人客源端成交，一边必须分出 15% 的业绩，另一边至少分出 5% 的业绩；A3~A4 经纪人客源端成交，一边必须分出 10% 的业绩，另一边至少分出 5% 的业绩；A5 以上经纪人客源端成交一边必须分出 5% 的业绩，另一边也至少分出 5% 的业绩；M 经纪人客源端开单，必须分两边，每一边不低于 5% 的业绩。

团队执行单边比管理，但是执行难度非常大，绝对多数经纪人都不接受，所以在最开始的两个月，我和高级别经纪人一个一个面谈，我始终坚定地认为这件事情是必须要做的，从长期来看，它对于团队的发展来说利大于弊。在执行之前要进行周密的考量，谋定而后动，一旦决定就要雷厉风行，一干到底。

在执行过程中困难重重，经纪人想尽各种办法不参与分边，声称房源是自己开发的，客源也是自己的老客户。每当这时，我就会非常严厉地告诉他们："如果谁不想参与分边，我会专门开会告诉团队的每一个人，你不愿意接受跟任何人合作，那么我也不允许团队任何人给你提供任何帮助，哪怕是跟你的客户打招呼、给你的客户倒水、帮你的客户复印资料，你想好了吗？"

一般情况下，高级别经纪人、百万经纪人甚至双百万经纪人，不参与合作分边的原因都是践踏了别人的利益，这更加坚定了我推行合作分边的决心。短期来看，这项制度确实会触及团队成员的切身利益，但长期来看，它会让组织获得更好的发展，组织内的个人也会获利更多。所以，我们要以壮士断腕的勇气和凤凰涅槃的决心，向积存多年的顽瘴痼疾开刀。

一段时间执行下来我们发现，新人来到门店之后很快就会有业绩，有业绩就有信心，能够迅速跟着师傅进入社区、融入社区，自然也就愿意留下来。当新人留下来之后，他们会自觉地为门店进行宣传，不停地告诉身边的伙伴："这个店不错，在这能挣到钱，这是可以长期做的事情。"团队的新增速度加快了，人员流失问题得以解决。

2. 做好招聘三步走

门店要做好招聘，可以按照下列三步走：

第一步：定义招聘指标，把招聘作为销售业务管理。门店可以借助经纪人增长中心进行招聘，比如为门店引入招聘专员，再利用贝壳经纪人增长中心快速赋能招聘专员。

门店自己的招聘专员和经纪人增长中心的招聘专员的人效差距很大，我们团队的招聘专员的效率大概是 5 人/月，而经纪人增长中心的招聘专员的效率是十余人/月，因此，在门店 BP 能力建设上，我们会借助经纪人增长中心的力量。对于 BP 能力建设的要求不仅局限于招聘能力，还要求有基本的数据处理能力和行政管理能力。目前普遍采取的方式是通过经纪人增长中心来招聘、筛选店助，再通过店助来招聘门店经纪人，每一个店助成功招聘后，会按照所招人员的学历高低进行奖励，同时，会把门店利润的一部分奖励给店助。

招聘专员其实是招聘领域的销售人员，对招聘专员会用简历量、面试量、入职量等指标进行考核，以日、周、月为单位查看数据、分析数据、追踪指标，并给出改进措施。

第二步：利用标杆效应进行招聘。在团队中，标杆经纪人会起到积极的带动作用。我们团队有自己内部的统一业务语言，比如，早会朗读团队的20条经营理念：我是最棒的、我一定会成功等；新人在工作中遇到困难时，可以对他说："山不过来我们就会过去"；领导要求做的事情，我们心里并不接受，那时候会说："成功是因为态度"；有人感到迷茫，对行业丧失信心时，我们会告诉他："人因梦想而伟大"。每个团队都要有自己的语言系统，深入到每个人的思想深处，当遇到问题时，这些语言会自动跳出来指引行动。

有人觉得"鸡汤"灌多了就成"毒鸡汤"了，我觉得可以把它理解为精神鼓励，提醒自己改进，也给他人正能量，有时候可能就差那么一点坚持没有成功，"鸡汤"的作用就在此处显现。拥有在挫折和困难面前及时调整心态的能力，与团队成员的互相扶持密不可分。

梯队裂变的能量也非常大。新人能够给团队的造血系统带来新鲜血液，新人、老人结合也能够激发团队的正向能量。2019年

3月，有1名新人来到我们团队，不到3个月，产出近20万元业绩。在新人自己获得迅速成长的同时，也激发了团队努力奋斗的氛围，逐渐形成了裂变的底层基础。

第三步：思考门店需要什么样的人、什么样的人适合门店。在管理者头脑中，对于团队未来如何发展要有清晰的规划，并依据规划制定可行的人才招聘计划和人才培养计划，否则很可能遭遇人员迅速增加又迅速流失的局面，这是门店最大的沉默成本。

因为管理者和专业人员承担的角色不同，所以岗位设置也应该有所区别。2019年我们团队之所以流失了那么多人，一个很重要的原因就是岗位责任交叉、职责不清晰。那时候有一种情况经常发生，因为我们团队的商圈经理也做业务，对于他维护了很多年的老客户，团队经纪人也会提供答疑等多种服务，但最后还是由商圈经理签单，于是新人接受不了，认为商圈经理抢了自己的单，造成商圈经理和经纪人之间缺乏信任，经纪人愤怒离职，导致团队很难保持稳定状态，也就难以完成裂变。

以下三种人是门店的重点招聘对象：一是门店周边业态的工作人员，比如便利店、干洗店、社区医院的工作人员，他们在社区扎根多年，具备为业主服务的意识，社区的业主也可以作为重点招聘对象。二是高学历的经纪人小白，对于这类人员，门店要提供有针对性的能力和素质培训。三是团队内部转介绍的人，这部分人占比很大。内部人员之所以愿意转介绍，主要是因为取得了理想的业绩,获得了精神和物质的满足,才会把真情实感分享给身边的人,包括好朋友、同学、前同事等,这些人特别坚定,保留也会更容易。(如图 2-2-1 所示)

在选拔人才时不要仅仅看他有多努力,更要看他是不是愿意学习、是不是愿意接受改变。真正用心做这个行业的人和奉行长期主义的人,一定具有非常大的发展潜力。

图 2-2-1 经纪人"六力"画像

3. 人员增长的四大支撑

一是重合规、敬畏规则、以身作则。作为管理者,自己做不到的,没有理由要求团队成员做到。当你每天第一个到店时,就会发现连续一个月门店都没有迟到的员工;当你很晚才下班时,也会发现有比你走得还晚的员工。

二是抓服务品质。服务品质越好,门店经营就会越长久,一定让自己拥抱变化,跟上时代的节奏,VR 带看、好赞等新业务模式要积极尝试。

三是拼增长。招聘也是业务，做好员工保留的意义大于人员新增的意义，保留做得好，新增也会源源不断。所以，门店要做好招聘量化，给 BP 设定目标。

四是树口碑。除了自律之外，一定不要做有损自己形象和公司形象的事情，包括不合时宜地开玩笑。做事要抱有共赢的心态，遇到难以抉择的事情，要遵从"内部让外部，老人让新人"的原则，在团队中推行"让"文化。

二、有效扩张的本质是增量激励

当我们拥有一家门店时，利润率可能为 40%~50%，但是当门店扩张，个人越来越忙的时候，多家门店的利润率却降到 25%。这样的现实一开始我们接受不了，但经过一段时间的思考，我们团队统一思想，决定持续裂变。作为管理者，我们都经历了从经纪人创业到成长为店东的过程，所以对于成长中的店东所经历的一切都感同身受，也希望团队中的每一个经纪人都能尽快成长起来。我们要帮助团队成员提升能力，让每个人都能独立经营门店，使团队不断裂变。

执行合作制度，本质上不是资金、分配甚至股权上的合并，而是价值观层面的契合。合作成功的关键不在于对方能为我们创造什么，而在于我们能为对方创造什么。合作制度不是续命的药，而是增长的兴奋剂。

为什么要做合并？合并是两个团队变成一个团队，实现板块之间的联动，一个团队迅速扎到另外一个板块的社区里面，同时，另外一个板块又能迅速把这个板块的资源转化为业绩，最终的结果是两个团队中的每一位经纪人都提效、每个门店都提效。

1. 合并的前提是要有合适的"筹码"

无论是资金型、资源型、技术型还是管理型合作，最核心的问题还是自己需要什么，能否借助对方的资源进行转化。我们的目的是强强联合，补短板、扬长板，所以合并后一旦遇到分歧，必须秉承互相监督、互相激励的原则解决问题。管理者要积极地提供人员支持和资源支持，以保证门店的高效运营。虽然我们还没有能力把一个城市做得很好，但是我们正通过努力把一个商圈做到极致。

2. 切记不要跨商圈开孤店

跨商圈开孤店很难得到支持。我经历的唯一一次门店转让，就是跨商圈开了一家门店，与原来的门店相距十几公里，恰逢市场不太好，想支持但是人手跟不上，资源也不充足，庆幸的是进行了及时转让，门店基本没有亏损。

3. 要有退出机制

在合并的初始阶段，如果达不到预期目标，双方会做资源倾斜，以助力各自的门店经营，这也会大大提升门店的积极性。当然，资源倾斜必定要稀释一方的分红权，如果很长一段时间（一般为一年）门店都没有实现盈利，就要启动退出机制。

4. 团队融合至关重要

合并以后，团队的融合非常重要。作为管理者，我们会一个商圈、一个商圈地考察，发现氛围不好的团队，就会做商圈动员，召集所有人开月度会议，用实际结果激励人。经纪人的优秀业绩能够非常有效地激励人心，切实地给团队带来生机。

我们的每一家店都会制定利润目标，比如，预亏期是三个月、半年，还是一年，然后定下利润目标，根据利润目标拆解业绩，通过对过去团队人均业绩的分析，制订人员招聘计划。切记：门店扩张一定是基于增量且面向未来的。

5. 搭建适合的合伙人制度

搭建合伙人制度的原则是保持团队的饥渴状态。举例说明，团队今年取得了100万元利润，团队中的某一M特别优秀，团队的大部分利润都来源于他，明年让他成为合伙人，请问这种做法对吗？试想：明年团队的利润还是100万元，但是你分发了20%的股份，那么最终利润就变成了80万元，实行合伙人制度以后门店利润下降的原因就在于此。如果有人对团队贡献很大，那么他的利润提成应该增加，这对于门店的利润提升也具有正向作用。亏钱的门店也可以尝试做股权激励，即便还是亏钱，但是亏损额会减少。

在做合伙人机制导入时，最重要的就是约定目标，变单独作战为团队作战，力求将员工变成老板，将职业经理人变成创业者，将利益共同体变成事业共同体。每一家门店的终极目标都是获得可观的利润，利润的持续增长代表了门店的经营状况，包括业绩规模和团队效率。门店有盈利，团队才能有发展。

三、新店、大店如何取得好业绩

1. 新店迅速达成业绩破百万元的四大经营秘籍

2020年11月，我们团队创造了21天门店业绩破百万元的奇迹。2020年4月，门店签约，面积为800平方米；7月交铺，进行装修和人员招募；11月1日试营业，11月22日门店业绩突破百万元，用时21天。

一是人员筹备。对于800平方米的大店，我们做了一年的人员筹备，配置了3个S组，大概40人，其中两组的S是从其他门店调过来的。

二是组织架构。20名新人加上20名老经纪人，组成一支40人的团队，老经纪人主攻二手房，新人主攻新房，3名S每天会带领新人去售楼部集中邀约。团队还配备了1名线上运营官，他是团队的M，也是陕西省贝壳分公司的第一名，他把线上内容拆分成16门课，每天为经纪人进行培训；还有1名品质运营官，他负责让团队在合规的前提下进行作业。

三是业务管理。2020年11月1日,我们组建了三个群,分别是零带看人员群、零业绩人员群、零开单人员群。在零带看人员群里,每天早上开早会时,只要群里的人有新房或者二手房带看,大家会鼓掌欢送他退群;11月10日,群里只剩下5个人,每个人的压力都很大,早会开完,这5个人马上跑到售楼部作业。在零业绩人员群里,新人没开单可以理解,但如果没有分边,就要分析原因,有没有进行业务动作?带看有没有真正参与进去?对于态度有问题的人员,会单独进行管理。在零开单人员群里,到月底时人会越来越少,但是如果分边时总分别人的,那么也必须给别人分回去,不能占别人便宜。

四是氛围营造。我们团队的新人入职需要试岗七天,七天以后会进行笔试和面试,笔试和面试成绩不好的人,我们一般不会留。对于新人入职的严苛管理,其实是对新人的尊重,希望他们能够更好地被保留,更好地成长。

2. 大店的核心优势

从硬件上来看,门店面积达到150平方米,位置处于核心街区,拥有比较高的人流量和社区覆盖率;从软件上来看,大店能容纳5个以上的M战队,M战队一般不超过6个人,总人数要达到30人。只要经纪人有意愿并且能力达到要求,都有机会成为M。

一是品牌效应好。有人跟我说过:"如果走进一家门店分辨不出哪个是经理,那么这家门店的品牌效应不会差。"通常情况下,大家都觉得店长、经理的气质与经纪人不同,如果每个经纪人的气质都像店长、经理,说明这家门店中的每个人都很自信,都有成功的底气。一家门店要想创造好的品牌效应,不仅需要好的装修、整洁的环境,更需要每个人都有好的精气神和亲和力,这样能提升客户的信任感和合作成功率。

二是能够通过客户服务创造价值。提供好的客户服务的基础是团队人员充足,只有达到一定的人员规模,才能与社区做联动,才不至于在组织社区活动、进行带看时关闭门店。在氛围好、充满信任感的门店工作,经纪人考虑的不是我想不想离职,而是我能不能留下来,这种情况下会有好的保留效果。门店人员充足,作业半径就大,就会有更多的资源汇聚到门店,个人的作业半径也会相应扩大。所以,德佑始终相信合作提效大于业绩提效,大店的合作率高,效率自然更高。

以前,我们的核心业务动作是社区开发,希望快速获取录盘和带看,现在,要从"房源为王"转变为"社区为王",做聚合服务,以期实现长期价值。坚持长期主义,做好维护是一切管理的前提,而且要将维护的范围扩大到盘里的每一个业主、每一个消费者。

在精耕社区的过程中要坚守底线,深刻理解"不打扰就是最好的尊重"。比如,门店设置了儿童游乐区和家长等候区,面对等候的家长,经纪人只需起身微笑打招呼即可,不需要给他端茶倒水，为客户提供最大的自由度，让他有再次到店的意愿。

作为管理者，要为门店搭建一个小的后台，培养更多的合伙人，让合伙人走上门店管理者的岗位。我始终认为，店东的认知和格局决定了门店的现在与未来。

成功的秘诀就是忘掉自己的利益，全心全意帮助合作伙伴成功。所以，我们一定要有共赢的心态，所有人一起努力，提升成功的概率。

组织与机制

PART 3

在德佑，组织既是名词，也是动词。店东通过正式组织、虚拟组织、储备组织让门店有序运行、高效运转；同时，组织经纪人的日常作业，让每一个经纪人都能参与门店的日常经营活动，激发团队人员的潜能。

组织力对企业发展至关重要，它是企业成长的有效动力，能够为企业发展构筑护城河。企业内部的组织是企业有序运转、发展壮大的有力保障，但是必须经过架构设计（骨骼）、流程设计（经络），并配以规则体系，才能构建完善的组织模式和运行机制。

平等的晋升体系、完备的管理机制、细化的考勤制度以及完善的形象管理体系能够给组织成员带来安全感，建立上下贯通的组织体系和工作机制，店东责无旁贷。

第一章

组织有力量：如何让逆势扩张成为可能？

束鹏程，从业10余年，在直营公司做到总监，担任过城市总经理。2019年，加盟深圳德佑，目前经营3家门店，团队成员70余人。2021年，在深圳新增1家门店，新增人员45人，实现规模逆势扩张。

作为一名链家的老兵，我在房地产经纪行业沉淀了十余年。经常有人说："一年入门，三年入行"，如今我已经完成了从经纪人到管理者，再到创业者的转变，可以说是对这个行业有了比较深入的理解。

之前在直营店，主要精力都放在运营上，目的是把业务做透。自己创业之后，主要精力放在了经营上，人、事、钱各方面都要操心，投入的精力、付出的心力更多。因此，组织好团队、管理好人员成了我工作的重中之重。

我在店里实行虚拟组织，目前运转得非常好，这种虚拟组织能够让经纪人参与到管理中，锻炼他们的管理能力。虚拟组织在激发团队活力的同时，也增强了大家的执行力和凝聚力，而且团队能够更好地实现裂变，变成更大的组织，从而成就每一位团队伙伴的职业梦想。

虚拟组织让逆势扩张成为可能。在 2021 年深圳市场下行的情况下，团队人数从年初的 20 人增加到近 70 人；之前二手房业务占比超过 70%，如今调整战略，将主要业务调至租赁和新房；7 月，我带领团队做到了深圳市场前五名，租赁单量第一名。

一、虚拟组织：让经纪人参与管理

构建虚拟组织的四个目的：一是了解能力，了解合格的店东应该具备哪些能力；二是拆分工作，将店东的工作按照工作项进行细致拆分；三是明确分工，拆分后将工作内容按照职能模块归类；四是轮岗训练，安排人员按照模块进行轮岗训练，系统掌握各模块需要的能力。

我们的虚拟组织已经做到了第七届，在虚拟组织中制定了轮岗制度和会议制度。轮岗制度指的是店面人员轮流担任某一职务，每两个月轮换一次（大掌柜四个月轮换一次）；会议制度指的是每周制订部门工作计划，周末进行总结汇报。

虚拟组织中的职务设置如下，如图 3-1-1 所示：

①大掌柜：即店长，主要负责协调工作、制定规则，并对工作进行总结、评估、修正；

②秘书部：主要负责店面的日常管理；

③组织部：主要负责店面会议、活动管理；
④增长部：主要负责人员招聘和业绩增长；
⑤教育部：主要负责人才培养和日常培训；
⑥辅导部：主要负责标准推广和低绩效辅导。

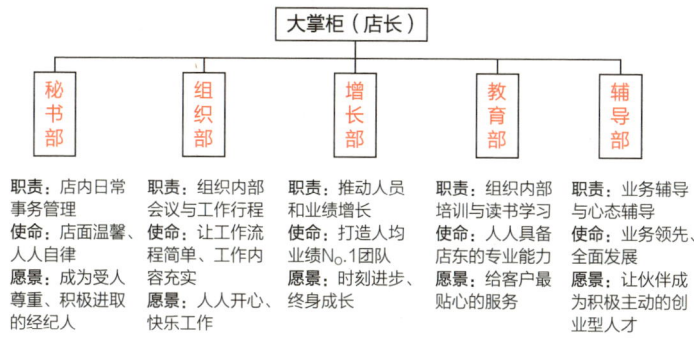

图 3-1-1　虚拟组织中的部门设置

每个部门的人选通过自愿报名并竞聘产生，由大掌柜选择自己的 LT 团队。大掌柜一般是从商圈或 M 里选拔，除了大掌柜外，每个部门选聘 2 人。

刚开始推行虚拟组织的时候大家不理解，干了两个月就失去兴趣了，我就用奖励贝壳分、提绩效的方法鼓励大家，因为我知道这件事情对门店和经纪人都是有益的。现在，虚拟组织已经运转得很好了，大家都有收获了，即使把绩效取消，大家也愿意干。有人问我："团队规模小，可以做虚拟组织吗？"我的答案是："当然可以做，不要等到人多了再进行管理，而要通过管理为人员增加做准备。"

虚拟组织的价值在于多方共赢和人才成长。对于店东来说，将店东需要的能力进行拆分，并为员工提供锻炼机会，是释放自己时间的好办法；对于员工来说，通过自主报名、竞聘，获得轮岗学习、锻炼能力的机会，能够倒逼自己的成长；对于团队来说，因为每个人都有奋斗目标，所以带教和管理的积极性都很高，效果也非常好。

对于95后经纪人来说，有趣味、有挑战、有收获、有成长的职业才是值得选择的职业。另外，拆解店东必须具备的28项能力，让每个人都能参与进来学习，也是最好的实战演练，能够提高员工的管理能力和沟通协调能力。（如图3-1-2所示）

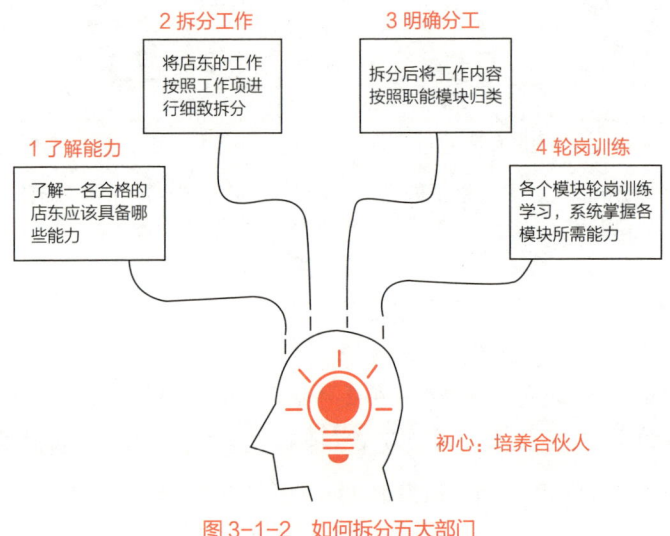

图3-1-2 如何拆分五大部门

有人问我:"如果每个人都具备了当店东的条件,会不会都自己开店去了?"我的想法是,大家到我的门店工作,给门店创造了价值,我应该把自己的知识分享给他们,并给他们提供发展机会。

虚拟组织的搭建能够降低流失率。虚拟组织会让团队成员感受到团队在为他们未来的发展搭建更好的框架,通过这个架构,能够让团队成员快速熟悉这个行业的特性,了解管理的基本逻辑和属性,大家获得了能力的提升,所以更愿意留下来。

我们的一位商圈经理想自己开店,他征求我意见的时候,我说你现在能力不足不适合创业,但是他决心已定,我只好鼓励他出去试试。两个月后,他回到店里进入虚拟组织做了组织部讲师,继而发现自己的短板是培训能力不足,所以组织部设计了很多经纪人培训课程,经过一段时间的锻炼,他已经成为三星讲师了。这位商圈经理的经历充分证明了虚拟组织的巨大作用。

我们的另一位商圈经理,因为操作问题,贝壳分被扣掉了150多分,他用了不到一年时间,让贝壳分涨到645分,在深圳德佑排进了前三名。因为他竞聘进了增长部,这个部门的主要职责就是研究贝壳分的增长和其他数据的增长,天天研究、学习、交流,再加上用心,分数自然增长得快。

门店对人员的配置可以遵循人力资源三大支柱和人力资源六大模块。

人力资源三大支柱指的是专家中心、共享中心和业务伙伴。

人力资源六大模块指的是人力资源规划、人员招聘与培养、培训、绩效管理、薪酬管理和劳动关系管理,这六大模块涉及店面管理的方方面面。具备人力资源专业知识,能够让店东更好地进行店面人员安排,所以需要搭建完整的培训体系。

门店培训体系四要素,如图3-1-3所示:一是讲师,选择讲师要扬长避短,鼓励团队M参加体系内的讲师认证,并认证一门课;二是学员,对于出勤率要有考核;三是课程,内容要丰富,要有制式课程、新人专享课程以及案例分享;四是制度,实行全员讲师制,要有培训后反馈、考试、总结和复盘。

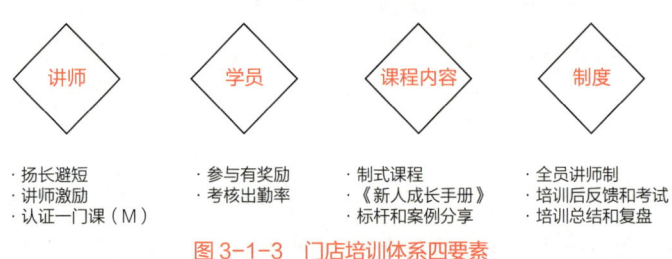

图3-1-3　门店培训体系四要素

高效率学习的五个要点:一是确认学习主题和学习目标,用高品质输入带来高品质输出;二是用通俗的语言向同事或下属转述学习主题;三是在转述过程中出现"卡壳"现象,说明对主题的理解不够深刻,要及时记录;四是针对薄弱环节,通过查看资料或请教专家的方式,进行重新学习;五是进行再转述,重复前面的步骤,直到完全理解主题。

门店有完善的培训体系,有利于建立学习型组织。门店实施培训要经过六步:第一步,调研需求;第二步,聚焦痛点;第三步,确定培训主题;第四步,实施培训;第五步,考核验收;第六步,反馈与激励。

二、组织管理：执行有规则，升职有标准

很多店东都问过我："管理的抓手是什么？"我的回答是："市场不同、人员不同，所以抓手也不同。"对于老经纪人来说，要关注流量和角色，因为这是获得客户成交的核心；对于新经纪人来说，要关注贝壳分，因为这是他们在贝壳的起点。

我非常看重管理制度，所以制定了很多制度，包括经纪人薪酬制度、经纪人奖项制度、奖金制度以及考勤制度，甚至连LT工作都有明文规定，而且制度执行非常严格。比如，一个经纪人一个月内迟到三次，则直接辞退；经纪人迟到，所在商圈一并受罚。这些制度不是我"一言堂"定下来的，都是由LT组织里的部门制定的。在业绩方面，我们更是只有奖励，没有惩罚。对于新人，只要完成三单租赁，就奖励1500元；新房业务分客池、带看量进行奖励，还有新房钱包。

目前，我们每个门店有两个S，即一个店东+一个租赁S，正式M有21人，储备M有11人，S和M都有储备组织。从内部来看，会对储备组织进行大量培训，教M如何带A；从外部来看，我经常带他们参加外面的课程，开阔眼界，提升认知。

以跑步读书会为例。这项活动是自愿参加的，每天早上7点在公园集合，先看书半小时，再跑步半小时。一段时间下来，参与人数从最开始的30多人减少到不足20人。从坚持下来的人中我发现了有坚持、有目标的人，他们可以成为团队的储备人才。

M的培养在于挖掘他们的意愿，培养他们做店东的意识，提

升他们做店东的能力。有人喜欢当经纪人,有人喜欢做管理者,所以要明确他们的意愿,并提供发展路径,这样 M 的收入问题就顺理成章地解决了。

合格的商圈经理应该具备两个条件:一是要有开单作业能力;二是至少要带 4 个徒弟转正。商圈经理的培养周期应该在 6~8 个月。

2021 年,我开了第三家门店,就是因为有两个人达到了商圈经理的标准,所以我们把店开起来,给他们提供更好的发展空间。按照目前门店的规模,每个门店能够辐射三个商圈,每个商圈能够组建 10~15 人的团队。

我对新人的要求是,第一个月看贝壳分,第二个月看开租赁单的情况。贝壳分代表的是态度,只要自己有心,贝壳分增长很容易,因为它只与学历认证、基本带看和角色等因素有关;而开单是能力问题,考察的是师带徒的能力和徒弟的学习能力。(如图 3-1-4 所示)

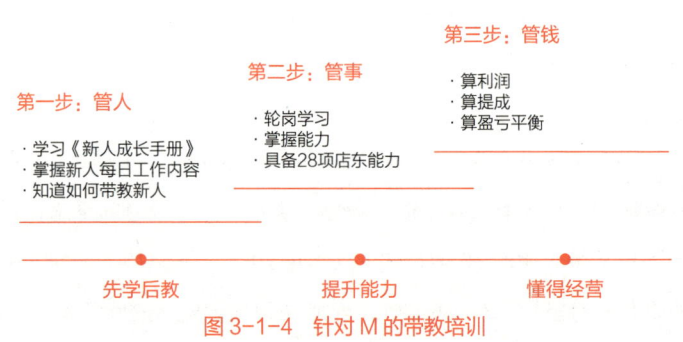

图 3-1-4 针对 M 的带教培训

我们团队里有一个小伙子，刚来的时候贝壳分是 100 多分，用了不到四个月，贝壳分就涨到了 480 分，甚至超越了很多干了三年的老人。他的主要办法就是做流量、做角色、带看让客户评价。其实就是按照要求做一系列动作，但态度非常积极。他用了五个半月转正，从第六个月开始爆发，每个月都做近 1 万元的租赁业绩，现在已经成为 M 店经理。

我们门店的规则是，贝壳分、业绩达到一定标准就可以转正、升职，不论是新人还是老人。况且我们团队没有那么多老人，只能从新人中慢慢提拔，所以我们团队要想获得增长，就要先把人留住。我的经验是一定要把贝壳分理解透彻，以此掌握贝壳的运营逻辑。

门店应该有一套完善的级别升降制度，以业绩为基础，用积分体现累计贡献，日常综合表现体现为综合贡献，并通过基础分、积分上下限等控制经纪人的升降速度。业绩积分比直接决定经纪人可以用多少业绩兑换 1 积分，也就决定了经纪人的成长速度。

比如，经纪人期末积分 = 期初积分 + 当期业绩 / 业绩积分比 – 基础分 + 奖励积分 – 处罚积分（业绩积分比为 1∶100）。

员工级别是根据员工期末积分对应的积分范围确定的。每月 3 日前，系统自动根据员工期末积分确定员工当月级别。当员工积分超过当前级别积分上限时，员工可以跨级升级；当员工积分低于当前级别积分下限时，员工降级。当 A1 或以上员工期末积分小于 80 分时，次月降级到 A0/2 级别；当员工期末积分小于 0

分时，将进入淘汰流程。

两类员工可以免基础分考核：一是新入职的员工，每月21日前入职的按月计入考核，21日后入职的不计入当月考核；二是在孕期长假、产假、工伤假期间的员工，每月不予扣减基础分。以上情况需要上报人力资源部，录入系统以备查。

完善的级别升降制度让升职和降职都有标准可依，能够帮助店东更加有效地管理经纪人。

三、逆势扩张：更需要组织效率

2019年6月，我们把店开起来之后，市场还没起来；2020年，我们原本以为市场会受疫情影响，但是3月到7月的业绩还不错，那时我们并没有急于扩张，因为深圳市场乱象丛生，符合标准的人并不多。2020年底，我们判断市场会出现一定的变量，于是有了扩张规模的想法。市场下行时是历练自己、提升能力的好时机。

在人员招聘方面，首先要组建专业的招聘团队；其次不能只招不留，要把培训架构搭建好，让新人能学到东西，有成长；最后要为招聘提供好的物质基础。只有招聘做好了，才能选到有潜质的人才，才能为人才培养做好准备。

2021年，我们用于人才招聘和人才培养的预算在100万~200万元，这其中有相当一部分用于给老人提供补助，因为只有把老人留住了，才能更好地吸引新人。同时，我们做了很多计划,包括组建招聘团队、开拓招聘渠道、老人额外奖金补助和 M 的提拔等,这一系列措施保证了新人较高的转正率。

在提升组织效率方面,我有以下四点建议:

第一,利用晨会、午会、夕会做时间管理,提升经纪人的作业效率。开会的目的是检核、复核,并对工作进行量化,利用开会时间帮助经纪人梳理工作内容,倒逼他们将工作时间压缩到 3~4 小时,以提升工作效率。

第二,用工作效率留住人才。两个人做出 100 万元业绩,不如 30 个人做出 100 万元业绩更扎实,因为后者靠的是团队的力量。2021 年,我给 M 带教做了现金激励:如果 M 带的徒弟三个月转正,并且实现了 12000 元业绩,M 可以获得 5000 元现金和 1000 贝壳币奖励。所以,我们团队的 M 都愿意帮助新人转正,新人收获的不仅是业绩,更珍贵的是信心。

第三,新人如何提升工作效率。可以将业务能力培训分为两个模块:谈单能力和获取客户能力。对于新人来说,重点应该放在如何获取客户上,只要他能聊来客户,就不愁做不出业绩;从门店角度来说,招聘新人的目的之一是带来更多客户流量。

第四,组织效率如何提升。组织效率的提升在于不同市场情况下战略方向的选择,战略方向选择正确,效率才会高。

2020 年,市场情况好的时候,我们一个月卖二三十套二手房,但是全年只做了 5 单租赁业务。这时组织的人效最低,因为大家都不再培养新人。2021 年,深圳市场下行,我们对业务做了调整,主攻租赁。有些老人说:"做了十年经纪人,却做回租赁,多丢人。"我回答："做什么都不丢人，没业绩最丢人。"5月份，我们一个店做了5单租赁业务，6月份就上升到了35单，7月份上升到60单，位列深圳德佑第三名。由此我们发现，在用绩效提升组织效率时，要更多地从员工的思想层面做工作。8月份，我们再次调整主攻业务方向，转向写字楼和底商，虽然单量下降了一些，但业绩增长了十几万元。之所以总在调整业务方向，是因为我希望发现蓝海，跳脱竞争激烈的红海，让组织效率更高一些。

最后想告诉大家，店大、人多，很多店东都会遇到搭班子的苦与累，但所有经历都有意义，把心安在当下，专注于提升组织效率、完善组织架构、提升组织能力、打造组织文化，未来就一定可期。

第二章

一年业绩翻番：从口号到实现，做对了什么？

季承，从业 8 年，2015 年创业，2018 年 8 月加盟德佑，2019 年团队人数 17 人，2020 年疫情之下，实现业绩翻番。目前经营 3 家门店，团队人数共计 78 人。

我们团队为什么能赢？我会总结三个关键点：良好的组织氛围、稳定的人员结构和敏锐的业务洞察力。

我是 2018 年 8 月加盟德佑的，选择加盟德佑最主要的原因是在新房业务方面遇到了瓶颈，在二手房业务方面也只能进行低品类竞争。所谓变则通，我希望尝试新品牌，通过新资源进行裂变。2019 年，团队人数 17 人，但业绩取得了巨大突破。2020 年，疫情之下，我们实现了业绩翻番。2018—2020 年，我们的业绩一路向上，回顾前路，我想说："成功没有捷径。"

一、发展历程：从兄弟文化到规范经营

2015年我开始创业，主做新房业务，投入了大量精力，也有丰厚的回报，当时，团队收获了单盘成交约400套的佳绩。2018年，德佑来到杭州，我们第一批加盟了德佑，一年时间，我们团队17人做到了业绩翻番。

后来原有门店裂变，由一个M带领两个老经纪人经营新店，团队人数也增长到45人，在一个新的商圈，新店业绩已经达到200万元。

团队要发展，门店要扩张，不需要口号喊得多响亮，而需要脚踏实地去做。创业过程有很多辛酸，每一次转变都要经历阵痛，但反思才更有价值。

第一，在创业初期我们是依靠兄弟文化在维系团队关系。在社区里投入了30万~50万元，租了个宿舍，两三个人就这么干起来了，其中的辛酸只有自己知道。但是我们几个亲如兄弟，我记得当时有一个经纪人脚骨折了，我背着他上下楼整整一个月，他当年创造了120万元的业绩。

第二，从兄弟文化到规范经营。在向规范经营转变的时期，团队人员流失巨大，一个月就走了七八个人。每次团队有人离职，我都会做离职面谈，并送上真诚的祝福，希望他们能有一个新的开始。当然，这些曾经离开的人，现在大多数也还在房地产经纪行业里继续打拼。门店经营走向正轨以后，这两年多我们团队只流失了一个老人，还是因为他要回老家。但是一入房产深似

海，这个老人现在在西安德佑工作，经常会给我们推荐客户。

我原以为加入德佑后门店的经营会一帆风顺，谁知道问题接踵而来，因为不适应线上作业和线上逻辑，第一个月团队就流失了五六个人，前三个月的业绩甚至比加盟德佑之前还差。

面对这种情况，我将管理重心放在了"激励"上，加盟之后的静默期是最关键的适应阶段，采用的各种举措都看不到直接效果，只能相信"相信"的力量。当门店里第一波吃螃蟹的人出现时，就放大了标杆的作用，让更多人看到，再通过"传帮带教"，缩小人员之间的能力方差，让大家一起做有效的事。

那时，我还意识到拥有充沛的资源至关重要，所以我们团队在房源角色方面做了大量激励，2017年以后，我们没有给过任何物质上的惩罚，都是采取正向激励的方式。事实证明，这种方式也切实起到了作用。当房源端被其他经纪品牌成交后，我们的业绩分成达到1.5万元，让所有伙伴都看到了希望。

房源是房地产经纪行业最核心的资源，房源越多、客户越多、成交越多。在渐渐地掌握了线上逻辑以后，我们的线上成交占比达到了60%。在经营过程中，我们全情投入，坚守底线，这种做法可能短时间内不一定有特别好的效果，但是随着时间的推移，一定能带来空间上的增长。（如图3-2-1所示）

我们开了一家新店，最初的这一个月我只做了一件事——招聘了15个人。我的原则是统一招聘、统一培训，招足量再慢慢筛选。经过对团队的打磨，现在门店业务量能够稳定在每个月10单以上，业绩稳定在40万元左右。

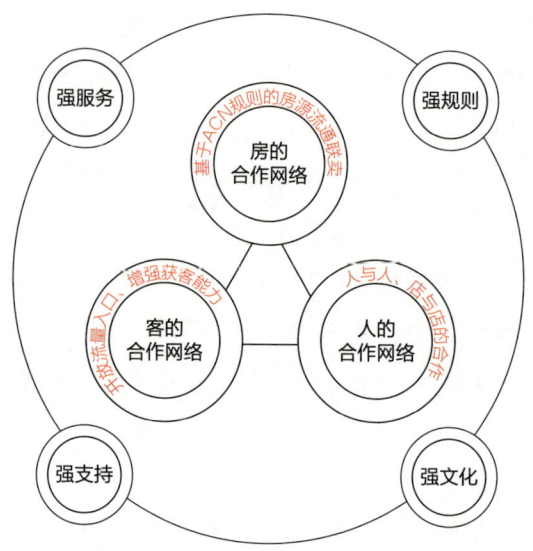

图 3-2-1　以房源为核心的房地产经纪业务开拓网络

裂变开店,肯定需要榜样的带动,对于我们团队来说,更多的是老经纪人的"传帮带教",以及聚焦板块做社区精耕。我始终相信慢就是快,稳扎稳打,让同样的人做同样的事。

二、组织管理:店是场、人是核,组织能力是成败的关键

总结我开店成功的两个关键因素:一是选好店,店是场域,好的场域带来的不仅是好的工作环境、充足的业务流量以及向上的团队氛围,而且让经纪人不舍得离开;二是选好人,人是核

心，高效的组织管理让团队稳定，员工有奔头，是门店持续获得好业绩的保障。

1. 选店关键点

第一，要选小区第一间。小区第一间店流量高，体现的是品牌的实力，有租客、有房源。第一间店的租金可以从房源上进行正向补充。

第二，要从租赁破局。带领新人从租赁和房源业务入手，让他们拥有比较稳定的业绩来源。

第三，采用合伙人制度。在核心股东对门店控股权不变的情况下，逐渐转让分红权；同时，制定奖励承诺机制，在我们团队，如果单月业绩突破百万元，我们会用5%的分红权激励团队或合伙人。

2. 选人关键点

组织管理是团队成功的基石，完善的组织架构会使人员职责清晰、结构稳定。举例说明，朗诗店共有30人，跨双商圈经营，我们对其一手房和二手房业务进行了拆分，更加便于管理。对于这两项业务的管理能力要求是不一样的，所以考核方式也不一样。一手房业务主要是在售前做工作，二手房业务主要是在房源上做工作；一手房业务的工作地点主要是门店，二手房业务更多的是在门店之外开展工作，门店周边三公里都是业务范围。（如图 3-2-2 所示）

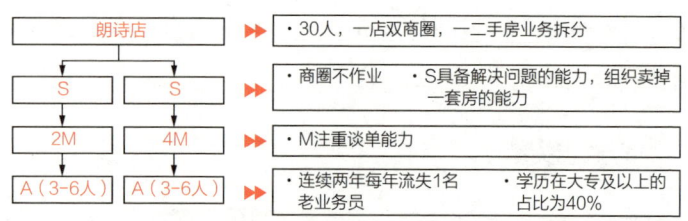

图 3-2-2　房地产经纪门店的人员构成及业务分配

我习惯用数据说话，所以别人谈不了的业务，我出面去谈，80% 都能谈成，因为我跟别人看待问题、处理问题的角度不一样。在我看来，经营商圈更多的是要有解决问题的能力，门店中的 S 应该具备很强的解决问题的能力，让团队有所依靠。我们团队的经纪人的学历在大专及以上的占比为 40% 左右。

对团队中 M 的四点要求：第一，M 的业务能力要强，这样他才能更好地进行"传帮带教"；第二，M 的价值观必须正确，有主动发起合作的意识和分享的意识；第三，M 的执行力要强，对于店东安排的事情要及时执行，拒绝拖沓；第四，M 要持续学习，我们团队中有 6 个 M，其中 4 个完成了花桥认证。

稳定的团队带来稳定的业绩，我们团队的大部分业绩是由老经纪人做出来的，公司每年的净利润保持在 30% 左右。我相信走过的路都是成长，每一步都算数。

3. 管理关键点

第一，激励。人的潜力是被激发出来的，我们团队的激励做得好时，大家士气高涨，一个周末就能卖出 7 套房子，那么当月业绩突破百万元都是有可能的。这其中，老经纪人的作用不一定体现在业绩的增长上，更多的是能力的提升，助力他们之后的成长。

第二，研讨。我们团队最成功的一次研讨是围绕"95后情侣买房，是男的做主还是女的做主"这个话题展开的。通过研讨我们发现，把男客户维护好不如把女客户维护好，在维护好女客户的情况下，80%的单子都能成交。

第三，荣誉。作为店东，我们希望给店员更多的荣誉，以激励他们能够站上更高的舞台，也希望他们在战败时，能够保持积极向上的精神状态，重新启航。

在人员管理和团队建设过程中，以下这四类经纪人能够生存下来：

第一，工具型经纪人。这类经纪人对线上工具使用特别熟悉，在线上工具更新迭代如此频繁的时代，这样的敏感性能够助力这类经纪人获得生存利器，并与其他经纪人形成能力方差。

第二，专业型经纪人。这类经纪人能够解决绝大多数问题，对于老师、律师、幼师、医务人员等比较难沟通的客户群体，他们能用专业知识去征服。

第三，社区型经纪人。这类经纪人对社区特别了解，而且服务意识特别高，他们能够通过一张照片或者一个细节把房子找出来，并上门进行面访。长期坚持这种操作，能够让他们积累一些固定资源，并培养第一时间把客户和房源挖掘出来的能力。

第四，新型经纪人。用新媒体带流量，根据时代风向不断创新，新型经纪人在持续不断地推动房地产经纪行业的变革。

4. 新人带教关键点

2020年，我们的新人带教效率特别低，新招聘的二十余个新人转化率特别低，这里总结以下三点经验和教训：

第一，难管理。新招聘的人员基本都是00后，他们崇尚自由，特别难管理。吃苦耐劳、拼搏向上的精神头在他们身上体现得越来越不明显，他们希望寻找捷径，快速成长。

第二，交流有代沟，新老有圈层。对于00后招聘的失败，很重要的一个原因是我们门店缺少年龄在20~24岁的师傅，只有他们能够和00后新人打成一片，进行无障碍交流。所以，完善的人员结构是团队稳定的重要基础。

第三，尽可能招聘本科生。这个行业的现实决定了招聘本科生的难度，但是我们不会丧失信心，因为我们知道它是一件难而正确的事，需要长期投入。

有了2020年的尝试，我们对新人带教进行了四方面调整：一是保留新人底薪，但降低提成比例，对此使用量化管理；二是通过拜师仪式和拓展计划等，让新人跟师傅有更深入的交流和融合；三是组织具有正能量的研讨、宣讲，内容包括但不限于正向价值观的弘扬；四是开发更多转介绍资源，因为转介绍的留存率更高。

2020年初，我们团队参加了贝壳组织的招聘本科人才计划，招到了一个本科生，但他把资源泄露给了同行，发现当天就被我们辞退了。经过深思熟虑，我决定如实报备，虽然损失了3.5万元，但是我们守住了底线，捍卫了荣耀，也对后面的招聘起到了警示作用。

领导者的身体力行,是一个组织正常运行的重要保障,也是一个团队持续成功的重要动力来源。

三、业务洞察:房源、客源管理三必做

创业以来,我们一直在精耕板块,用执着的精神和领地意识,以门店为圆心,从房源到客源都占据着一定份额。在低速市场之下跟房源、客源打交道,不要纠结于单个客户的得失,要走出来去开拓新客户,寻找新资源。

在市场上行时,客户找谁都能买到房子,这时我们要维护好房子,只要找到足够多的看房客户,就能够带来稳定成交。重点是让客户看足够多的房子,他们就会主动下单,不需要我们做更多的沟通。在市场下行时,我们要抓聚焦,不仅要聚焦房源,而且要维护好客户,重点是在集中带看,通过人为改变房客比,让客户相信市场还不错,从而促成交易达成。

得房源者得天下,我们团队的成功也建立在精耕房源的基础上。2019 年,我们团队在房源端的分边超过 160 万元,自卖房源和我房他售业务累计超过 160 万元,而且业绩非常稳定。这大大增加了员工信心,提高了经纪人留存概率和成交概率。房源是我们的核心产品,团队一直在房源上做持续投入。

房源、客源管理三必做:管好房、控好客、勤述职。

1. 管好房

首先,要管好开发渠道,管理房源的真实性和经纪人对房源

的熟悉程度，从各个方向对房源信息进行深层次挖掘，包括线上维护。

其次，要盘好库存，既要盘新增房源库存，也要盘既有房源库存，并对房源进行分类整理。我的做法是，只要在我的板块之内，不管是谁的房源，都要进行整理，频率是每月一次，每周四我还会对自己的房源进行盘点。

再次，要做好优化，找到潜在的优质房源并提升质量。优质房源是由房源的稀缺度和配合度共同决定的。衡量房源的稀缺度主要看是否可接受议价，是否可接受一些特殊条款或特殊政策；衡量房源的配合度主要是看客户是否愿意陪看、陪签，是否愿意将钥匙交给我们。我们设置了一个集中议价的日子，用低于市场价 10%~15% 的价格和客户一次性付款的价格沟通，以找到业主的价格底线。

最后，要做好聚焦，聚焦是一个业务动作，是人为改变房客比的一种方式。我们要判断当前的市场情况、分析未来走向，聚焦相应的业务动作，并进行有效传递，不要局限于门店内部的传递，还要在朋友圈和 CG 圈传递。同时，要组织空看、踩盘等一系列动作，让房子的带看量在某一特定时间段实现快速增长。当然，还要维护好业主，做好面访，并获得转介绍。

2. 控好客

想要实现客户快速成交，就要在管新增、盯约看、强管控、粘得住、重合作几方面下功夫：

第一，管新增。面对众多新增渠道，我的经验是用 A+ 系统的星级方式对客户进行评级，通过客户星级变化去查跟访。但同时，我也要求大家控制老客户的数量，二手房经纪人要控制在 20 个以下，新房经纪人要控制在 50 个以下，这个数量随着时间的推移还会减少。因为只有经纪人手上没有足够的客户时，他才会想着开发新客户。

第二，盯约看。坚持定时、定点、定量约看，对于积累足够数量且有质量的带看非常重要。

第三，强管控。2020 年 9 月，我在外面忙别的工作，门店业绩非常差；10 月，我回到门店，业绩又突破了百万元。在资源积累阶段，如果没有强管控，好的业绩是释放不出来的。

第四，粘得住。跟踪并及时反馈客户的第一需求非常重要，如果跟客户约好了带看，他临时说来不了，也要留一个回旋余地，预约好下一个带看时间，直到约出来为止。

第五，重合作。沟通协作能够起到 1+1 大于 2 的效果，陪看上的合作包括但不限于客源方、房源方的陪看，还包括 M 和商圈的陪看。通过合作，了解客户需求，并深入挖掘客户潜在需求。店东要做的是营造门店合作的氛围，维护门店公平的环境。

3. 勤述职

门店要经常组织房源述职。述职内容包括匹配客户、最近看房情况、销售目标、意向客户、潜在客户、跟访同事带看的客户，以及对看中的房源要采取哪些具体措施。述职的过程就是对房子认知清晰化的过程。（见表3-2-1 所示）

表 3-2-1　组对盘——房源述职表

业务阶段		动作	库存房源	新增房源	门店经理责任
报盘	新增房源 ___ 套 近期市场成交情况 有无报盘	业主资料是否完备			录没录
		1. 业主线上沟通 2. 社区开发 3. 线上资源 4. 业主面访			
	房源瘦身	无效房源是否下网			
房源维护加工	找准 A 房	1. 价格 2. 业主配合度 3. 被看量	√		管没管
	业主维护 面谈 ___ 次	1. 面谈 2. 看房保障 3. 回报：①推广回报；②带看量回报； ③辛苦度回报；④检查跟进	√		
	好赞 ___ 个 带看 ___ 个	1. 好赞 ___ 个 2. 最好的几套房子为何没签 3. 销售：OpenHouse/聚焦/主推宣传单页	√	√	
	实勘 ___ 个			√	
	价格变更 ___ 个	跟 ___ 个业主聊价格变更事宜			
	钥匙 ___ 把	跟 ___ 个业主聊钥匙事宜			

续表

业务阶段		动作	库存房源	新增房源	门店经理责任
销售	空看 ___ 个	熟悉周边房源		√	看没看
	带看 ___ 个	跟访未带看过的客户 ____ 个		√	
	App 呈现	优质展位呈现率		√	
	传递 ___ 个	e 张房源纸、微信、短信		√	
作业布置	作业检查	1. 空看	□是 □否	□是 □否	检查
		2. 房源聚焦	□是 □否	□是 □否	
		3. 业主面谈	□是 □否	□是 □否	

线上述职能够更直观地体现数据，带来更高的转化率和更多的客户认可，客户黏性也会提升，往往能够找到和客户匹配度很高的房源。所以，线上述职能够倒逼经纪人工作的系统化、逻辑化，让他们更有效地跟客户沟通，让成交率不断提高。

四、终身事业：经营一家门店至少十年

从多年的门店经营中，我总结了业绩新增的四大方法。

第一，拥抱线上，以房源为突破口，不断对线上进行投入。房源是微小的颗粒，要以数据为抓手不断量化，并坚持做基础量化。

第二，抓住线上商机。我们的线上客源大概占总客源的

50%，位列杭州德佑前十。虽然我们在线上进行持续投入，但也没有放弃转介绍、老客户维护等线下工作。

第三，营造团队文化，相信"相信"的力量。加盟以后团队不一定能够获得业绩倍增，但一定是在向成功迈进，当然，这需要营造好的团队文化，并做好激励。我们每年的团队建设经费为20万~30万元，用于组织旅游、聚餐和其他团建活动等。

第四，绩效牵引，底薪作保证。我们秉承正负激励并行的理念，做得好会以物质进行奖励，做得不好要接受一些体罚，比如跑步、爬山等。

在人员招聘方面，我认为保留是最好的新增，要借助品牌优势赋能，进行招聘上的合作，学会利用店助进行招聘。在不同时期要有不同侧重点，每年11—12月，我们会停止招聘，因为这个时候招来的经纪人，很可能第二年就辞职了，所以我们一般选择在年初投入最多的招聘力量。

我希望能够持续经营一家门店至少十年，扎根社区，让客户记住我们的团队，带领团队走向成功。从人员规模、人员品质、线上投入，到为客户提供品质服务，团队有特别大的操作空间。在人员规模上要持续招聘优秀经纪人，在人员品质上要持续进行学习、培训。同时，要量化经纪人的工作，在线上进行高效投入，让各种类型的经纪人都能在团队中收获成长。在此，将我的经营理念总结如下：

第一，和气生财、以退为进。2020年，我们遇到了一个官司。受疫情影响，一个房东急于低价出售房屋，后来反悔了，怎么都不肯过户，我们从中协调了三次，都没有成功。于是，我们帮客户起诉，退还了客户所有的中介费，还帮他垫付了诉讼费和代理费，并与市场监管部门进行沟通，把首付款退出来，最大限度降低了客户的损失。作为经纪人，要有服务意识和担当精神，虽然这次交易没有达成，但是如果对客户服务得好，一定会等来好机会。

第二，要有忧患意识。经营的核心是要保证稳定的现金流，我有比较强的忧患意识，资金充裕时，不会盲目买房投资，所以疫情期间我准备了 20 个月的现金流，经纪人都特别有安全感，也充满信心，他们喜欢我给他们的这种有指引、有方向、有依靠的感觉。

第三，要提升学习能力。无论我的工作重心如何变化，我始终不远离业务学习，不远离客户，因为我知道从不断地学习和不断地与客户交流的过程中，能够了解行业和市场，也能够提升解决问题、解决纠纷的能力。

第四，要坚持以人为本。多年来，房地产经纪行业的工资形式都没有发生过重大的变化，只是每个门店根据自身情况进行微调，所以我计划使用底薪＋社保＋家人补助，并辅以慰问金的形式来做团队激励，希望员工们能够获得向上的动力。

第五，要对经纪人好。在我的团队中，我能够做到把后背交给经纪人，他们也愿意把他们的后背交给我，因为我做事情的出发点都是为经纪人好。

我希望客户能够给我们这样的评价：你们是好中介，你是一个卖房子的好人。好的经纪人一定是要用时间的投入换取空间上的增长，要坚持难而正确的事，可能它暂时不会给你回报，但是只要坚持下去，一定会有意想不到的收获。

PART 4

经营管理的『痛』与『通』

经营管理好一家门店的确不易,让经验无差别分享,助力店东与经纪人专业化成长、共生进化是德佑一直在做的事情。

踩坑、碰壁,几乎是每一位店东的成长必备,有的店东说:"虽然我有三家门店,但是都不稳定,因为一旦我不在店里,业绩就会下滑,这样做管理是有问题的。"从一家店到三家店是一个坎儿,在过坎的过程中,如何进行科学管理,并让管理提效呢?

从执行者到经营者,从跑业务到做管理,这不仅需要思路的转变,更需要能力的提升。这或许是店东的"阵痛",但也是赢在门店的必经之路。

第一章

管理提效：高效行程量化团队的"三四六原则"

赵阳，从业10余年的行业老兵，曾在直营体系中管理上千人的团队。2018年加盟德佑，目前经营2家门店，团队人数76人。

我是2008年加入房地产经纪行业的，我经常说的一句话是："做一家好中介，同时好好做中介。"做一家好中介是目标，好好做中介是方法论。

在这个行业中，大家都会强调人的重要性，但不知道大家是否思考过以下这些问题：核心员工是如何成长的？如何管理团队才能提高作业效率？如何提升团队的凝聚力、战斗力？重视人才，门店才能获得稳定的业绩和持续的发展。

一、核心员工画像的十大要点

要点一：相同的价值观是企业核心员工的必要条件。"道不同不相为谋"，并不是说要性格相近、背景相似，而要三观契合。

要点二：要有共同的目标，要有大局观，不能各干各的。我很认同房地产经纪行业做的是价值观的生意这一说法。

要点三：业务能力是企业做大做强的基础，所以核心员工必须具有过硬的业务能力。

要点四：敬业精神是考察员工工作态度的重要方面。

要点五：重视合作，在房地产经纪行业，合作提效大于业务提效，所以团队协作非常重要。

要点六：良好的人际关系，这不仅指与周围人的和谐相处，还包括人脉资源。人脉资源就像银行存款一样，积少成多，会在意想不到时帮助到你。

要点七：执行力是达成目标的基石，有执行力做保障的企业，其发展才不是空中楼阁。

要点八：要有积极向上的态度。人在有追求时才更自律，这是核心员工要具备的优良品质。

要点九：要有很强的学习能力。员工的学习能力对企业创新发展至关重要，核心人员更需要这样的能力，才能促进企业提效，让企业快速发展。

要点十：团队核心人员之间要有背靠背的信任，这也是一家门店做得长久的根本。

作为店东，要聚拢一批高水平经纪人，帮助他们施展最大能量，为经纪人的职业化搭建平台。经纪人是门店的核心资产，经纪人的保留比招聘更重要，选拔比培养更重要。为经纪人赋能、对量化指标进行管理是可以创造门店差异化价值的，是通往高绩效门店的路径之一。

1. 行程量管理的两个误区

第一个误区：拍脑袋制定目标。

2020年，全国都在做A店和冲A保A培训，我作为小组长，带领组员确定目标任务，以便后期跟进。我们组的一位店东建议每人每月新增10套房源、进行15组带看。但是，他的团队只有10人，这意味着一个月要新增100套房源，这样的目标任务在一个成熟商圈是不可能达成的。

这种情况的出现反映出我们制定目标的随意性，并没有认真分析团队状况和客观条件，考虑目标实现的可能性。这种做法最终会反映在人员的保留上，目标总是达不成，对团队的伤害是巨大的。作为店东，你带领团队做成的每一件事，都会提升团队成员对你的信任度；相反，则会让团队成员对你失去信心。

第二个误区：目标落地无方法。

每个月月初定完目标以后如何确保实现？核心其实就是一个字：盯，要真正盯到每一个业务环节，保证业务动作落地，最终达成目标。

2020年4月，我们门店的带看量大概为每月210组，2月和3月都没有业绩，4月业绩为50万元左右，怎么提升业绩呢？我的核心举措就是提升带看量。

一家门店或者一个团队，带看规模一定是业绩的规模，只要能把带看环节做到极致，业绩一定差不了。于是从2020年4

月到 8 月，我就干了一件事：盯带看。8 月，门店带看量增加到 522 组。业绩达成没有捷径，房客动作的持续叠加能够带来稳定的带看量，而稳定的带看量必然促成业绩达成。

2. 做好行程量管理的三大原因

第一，稳定的行程量是稳定的业绩来源，只有业绩稳定，才能成就团队。

举个例子，门店小伙伴 A 某 4 月带看 9 组，8 月带看 18 组，带看量在门店排名前列；在业绩层面，4 月个人业绩为 11712 元，6 月为 24942 元，7 月为 16793 元，业绩平稳。小伙伴 B 某，4 月带看 4 组，5 月带看 3 组，6 月带看 4 组，7 月带看 9 组，8 月带看 16 组；4—6 月个人业绩基本为 0，7 月开始有业绩，8 月个人业绩最高，为 92730 元。小伙伴 C 某带看量比较少，业绩也比较低。（如图 4-1-1 所示）

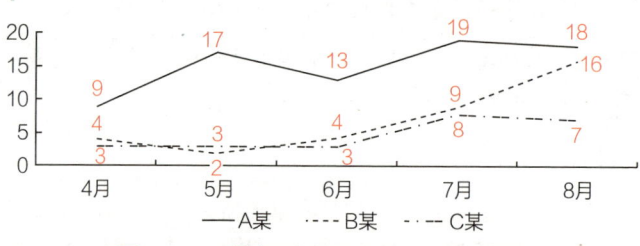

图 4-1-1　某店三名经纪人 4-8 月业绩走势

由此可见，团队业绩的稳定来自行程量化的稳定，而行程量化的稳定，让大家有活干、有事做，为团队提效，并成就团队。

第二，对经纪人的工作效率一目了然，过程可控。如果只关注业绩，那我们好像除了问责以外，无事可做。在团队管理中，常常遇到两种状况：一是经纪人某个月业绩高达10万元，这能代表经纪人非常努力吗？二是经纪人的单月业绩并不高，但无论是房客还是带看，在门店排名都很靠前，这难道就说明经纪人不努力吗？通过行程量的过程管理，能够看到所有指标的分解，也可以优化迭代。

第三，做好行程量管理，让新人有事可做。对于累但是有结果的工作，经纪人是不会离职的，所以先要让新人有事可做。同时，要让新人做正确的事情，做好过程，结果自然达成。

我每周都会面谈，主要谈话对象是近期相对低效的伙伴。我们门店有个经纪人是门店的标杆，已经两个月没有开单了，但是她告诉我下个月一定出业绩，我很好奇她哪来的自信？她分析了自己的客户及房源现状，发现大部分客户都是因为疫情无法实地看房，只要疫情好转，客户肯定找她看房。分享这个案例是想告诉大家，当一个经纪人量化做到位时，尽管暂时没有出业绩，心里也不慌。

很多从业三四年的经纪人，在一段时间没有业绩时，就会质疑自己是否适合干这个行业？我认为产生这个问题真正的原因是他不知道自己的下一站在哪里，看不到希望，落到操作层面，就是没有将指标量化，使得工作没有抓手。

二、行程量管理的四个原则

1. 目标导向原则

如何拆解目标？我的逻辑是以终为始，先确定目标，再通过目标去分解，最终导出重点工作。（见表4-1-1）

表4-1-1 目标导向原则

业绩目标 ___元	单佣（基本由市场决定）	单量目标	带看成交比目标	带看客户量目标	商机转带看率	商机量目标	房源量（好房量）
二手房 ___元	___元	___单	___:1	___人	400:___:1 IM:___:1 VR:___:1	400:___ IM:___ VR:___	___个
+							
新房 ___元	___元	___单	___:1	___人	400:___:1 IM:___:1 VR:___:1	400:___ IM:___ VR:___	___个
+							
租赁 ___元	___元	___单	___:1	___人	400:___:1 IM:___:1 VR:___:1	400:___ IM:___ VR:___	___个

备注：转化率数据基于本地市场和公司历史经验数据得出

月末，利用半天到一天的时间，查看团队全月所有指标，同时制定下阶段目标。首先，看市场，看所在商圈二手房市场状况。其次，看新房市场的节点情况。这个月做了100万元，算不算业绩好？不一定，因为市场放量，周边店门有可能做出更高的业绩。这个月只做到了50万元，就是业绩很差吗？也不一定，有可能是市场紧缩。所以，看市场能让我们认清所在商圈的交易情况，更清晰地制定下阶段的目标。另外，新房就是打节点，一定要清楚所负责的哪些区域是节点。最后，看个人业绩、人均业绩，以及过程指标项，比如房客带看、商机等。只有对业务数据进行深入分析，才能清楚自己哪方面做得好、哪方面做得不好。通过目标分解，帮助团队看清市场的状态和自己的状态。

以上述工作为基础，再通过奇妙等式分解业务重点工作项。通常情况下，一个门店的收入来自二手房、新房和租赁三项业务。我非常重视租赁业务，因为租赁业务是新人最好上手的业务，而且租赁和买卖并不分家，租赁客户也许就是未来二手房或新房的成交客户。二手房业绩取决于店均人数和人均业绩，所以如果门店人员少，那么一定要快速选拔人才；如果人员数量充足，则要看人均业绩，人均业绩 = 人均单量 × 套均总价，套均总价受商圈市场交易量、市场占有率、费率、报盘率等影响。通过奇妙等式分解可以获得每月重点工作，我们要重视对于奇妙等式的分解。

举例来看，某月门店的业绩是 97 万元，共有二手带看 124 组，成交 5 单，带看成交比为 24.8%；共有新房带看 162 组，成交 16 单，新房成交比为 10∶1；租赁成交比为 7∶1。因此，我们制定了在下个月达成百万元的目标。在盘完所有资源量并分析市场情况后，我们将目标拆解如下：二手房业务占比 30%，签单量为 10 个，单均业绩为 3 万元，需要带看 240 组，人均 4.5 组；新房业务占比 70%，签单量为 17 个，单均业绩为 4 万元。基于以上目标，我们确定了重点工作：一是重点业务动作为带看，无论是二手房、新房还是租赁；二是持续抓线上，紧盯 VR 和必看好房占比等重点指标，门店必看好房占比达到 15% 以上时，流量会有倾斜。通过对目标的拆解，团队达成共识，能够进行统一行动。

必看好房流量是普通房源流量的 11.9 倍，在房源漏斗中，最先关注的是库存情况，其次就是房源的加工，也就是房屋质量，衡量指标就是必看好房的占比，这是在房源漏斗中关注的核心指标。

2."管点不管面"原则

门店经营的人才观是发挥最大能力聚拢一批高水平服务者，并帮助其长期执业，实现职业化。在团队发展过程中，人员数量从 50 人增长到 80 人，听起来有点困难，如果拆解为过程指标就容易得多。

过程指标中的第一个就是每周邀约面试量，无论是两个还是三个，都有可能实现当月人员的新增。同时，还要关注本周电话量以及你和招聘人员沟通的频次和合作情况，把所有业务拆解到最小颗粒度，管理难度会随着业务动作的细化而降低，目标的达成概率则会提升。

所谓"管点不管面"，具体到业务环节，就是把所有业务项拆解为可操作的业务动作，"点"可能是房源的新增，也可能是房源的加工，或者商机的获取、利用等。每一家门店所处阶段不同，管理抓手不同。

我小时候看到大人把一袋子玉米倒进石磨，磨出来的却是半袋子面粉，当时很不理解，但现在理解了。房地产经纪行业就像一个大漏斗，所有经纪人都在开单，而最终成交的单子就是漏下来的结果。这个漏斗里有房源端的增量，在房源端的增量里有房源的录入。每一个阶段的库存房源量将决定商机总量，所以一定要关注店面整体房源量。

客源的漏斗也很重要。成交量 = 商机量 × 商机转化率，商机量 = 客户触达量 × 商机效率。所以，我们要关注如何把自己的商机量做大，如何把自己的展位量做多，还要尽可能把自己的展位做得靠前。

遵循"管点不管面"原则，能够让我们找到团队管理的抓手，把所有业务拆解到最小颗粒度，降低管理难度，促进目标达成。（如图 4-1-2 所示）

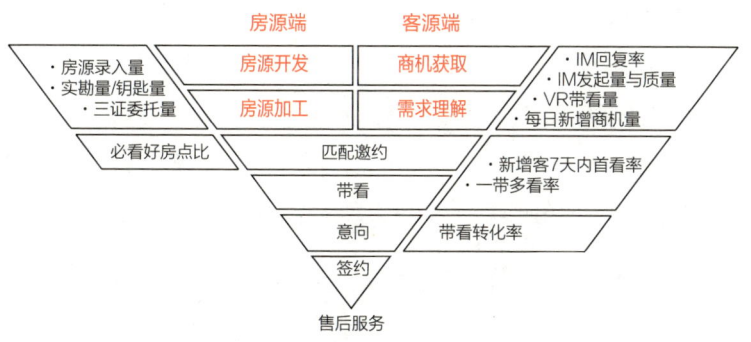

图 4-1-2　如何将行程量拆解到可管理的颗粒度

3."管过程不管结果"原则

如果房源增量少,那么管理重点就要向社区精耕倾斜,关注网络开发、门店接待或者社区助手;如果客源增量少,就要关注展位数量、400IM响应或者转化;如果带看少,就要关注客户转带看率或集中邀约;如果签约少,就要关注客户首看、二看质量,或者一带多看的能力。

跟大家分享两个场景:第一个是在客源增量少的情况下,人均商机量从4.5到25的变化过程,在这个过程中我不太确定商机量会变成什么样,但是我知道一定要把过程先做好。贝壳推出VR以后,我们门店一直在用,并管控VR带看指标项,最终实现了客源的增量。

第二个场景是新房项目的推广。在大家一致认可项目价值的情况下,团队伙伴一起到售楼处做了专项通关,和售楼处的销售员一对一了解项目卖点,并用一句话总结,然后立即约看。所有团队伙伴都对自己的客户做了集中邀约,在集中邀约的时间段内,最终成交3套。由此想向大家说明,如果带看少,可以通过集中邀约进行推广。

这里要提醒一点,在做所有业务动作之前,要确定这个动作的价值,只要有价值,就要坚持下去,哪怕短期看不到效果也没关系。

4."可量化、可检核"原则

任何事情,如果无法量化就无法考核,无法考核就无法落地。所以,门店每个月的重点工作,无论是VR带看,还是招聘,一定要确保可量化、可检核。

我每天都会关注前一天的系统数据，通过数据分析可以获得以下信息：

第一，从房客带看的业务指标项上，要确认月人均二手房带看量是否达到目标值，从每天呈现的数据上分析，哪些人接近达成或已经超额达成；哪些人还没有相关数据，如何帮助他们破局？

第二，查看VR带看量、日活、拉新三项指标，以及门店签单天数，通过数据发现问题，标红的一定是处在高危区的，要及时找到当事人，询问原因，找到解决办法；同时，找到门店标杆。我经常说："对于优秀的同伴，大家要一起研讨；对于后进的同伴，大家要一起面谈，通过交流，把好的做法复制给更多的人，也把问题呈现出来，大家一起想办法。"

在这四个原则中，"可量化、可检核"是最重要的，因为没有检核，就没有办法保证事情落地。经纪人只会做你检查的事，不会做你布置的事，更不会做你期望的事，只有你去盯，才能保证业务落地。如果你盯得下去，你的团队和门店一定不会差。

三、行程量管理的六大支撑

这里我们以一个场景为例，讲解行程量管理的六大支撑。贝壳推出VR以后，所有人都知道它很重要，一定要用起来。但是，因为我们团队的老人比较多，畏难情绪很重，而且多数人不知道如何做，这个时候应该怎么推进这件事呢？

一是达成共识。面对这种情况，团队成员可以坐在一起研讨，把自己了解到的关于 VR 的知识分享出来。研讨是促使所有动作落地的行之有效的工具，研讨不仅让团队与"我"达成共识，而且让团队与"我们"达成共识。

二是培训支持。人才培养不是一蹴而就的，要借助培训的力量为经纪人赋能。第一，培训不要局限于门店内部，要经常邀请 CA、BD 或者其他门店的店东做专项培训。第二，要做 VR 标杆分享，在探索性工作推进过程中一定要找到标杆，即使全店 50 个人中只有 1 个人做了 VR，也要将这个人立成标杆，或者请外部的优秀同行做分享，总之，要让团队成员知道优秀的人是怎么做的，看到实施以后的效果。第三，要让每个人都进行 VR 讲房，并把所有人的讲房稿都发到群里，评选出最好的讲房稿，以贝壳币作为奖励，让大家通过互相学习完善自己的方法。第四，进行 VR 演练和通关，达到熟练操作的程度，就像玩网络游戏一样，如果操作不熟练，可能不会有兴趣。第五，进行 VR 使用每日例行检查，所有的工作只有落实到检查上，才能保证执行的效果。

三是解决低行程量问题。可以利用开会解决低行程量问题，原因有以下四点：第一，店东对行程量的看法很重要。第二，要建立管理习惯，将 VR 面谈固化。如果要盯低带看量，我会固定某一个时间段与低带看量经纪人面谈，并固化会议日程，对于会议形式、会议内容提前思考清楚。第三，要重视仪式感，营造问题沟通的场域。我有时候会跟经纪人开玩笑地说："我今天本来挺开心的，但是为了给你们开低行程量沟通会，还得提前板起脸。"这就是场域的营造。第四,要执行优胜劣汰。以季度或者半年度为单位做重点工作指标下的排名,评选出门店最优秀和最差的员工。我想提醒的是,如果决定执行末位淘汰,切记不说硬话、不办软事,执行规则就好。

四是每日检查。在做每日检查时,店东要坚持做好以下三件事:第一,预想好经纪人可能会用到的一切借口,并准备充足的数据,让他们心服口服。第二,让经纪人自己找没有达成目标的原因。我的做法是让每个人写出十条原因,然后分析这十条原因中哪些是我们能改变的,哪些是不能改变的,从我们能改变的原因入手,找到问题的解决办法。第三,进行师徒带教、一对一辅导等培训,这主要针对团队中排名前20%和后10%的人。所谓"想不想、会不会、干不干",有些人的确想干,但不知道怎么干,这需要店东及时发现,并提供培训。如果一直表现很好的经纪人业绩突然出现问题,一定要提供一对一辅导,而且一定要店东自己上。

五是组织架构。搭建组织架构一定要按照搭班子、定战略、带队伍的思路进行。第一,要和团队中的M达成共识,明确权责。第二,团队中的M既要能卖房子,也要能带队伍。第三,管理好团队中的人,各自干好各自的事情。在未来扩张店面的过程中,管理者需要承担更多的角色,所以一定要让组织架构先行。

六是激励体系。多元化激励方式激发大家积极性。疫情期间,门店用得最多的激励方式就是点外卖,谁开单,谁就请大家吃一份有仪式感的外卖,最好能让经纪人和家人都参与,一起分享开单的喜悦。

此外，还有 VR 带看奖金池瓜分。我们以月度为单位，每周做激励，这个过程的行程量周期一定要短。前 30 名达成者可以得到 10 个贝壳币、前 20 名达成者可以得到 20 个贝壳币、前 10 名达成 9 组 VR 带看者可以得到 50 个贝壳币。奖项可以叠加，一周能拿到大满贯者，奖励 200 个贝壳币；一个月可以拿到大满贯者，奖励 1000 个贝壳币。带看奖金池的奖励规则是，每月 5 日之前，个人拉新做到 5 个以上，两组得 20 元，三组得 50 元，谁先做到谁先拿，做得越多，得的越多，一个月下来如果拿到大满贯，可以得到 1000 元现金。

如果市场在上行期间，激励一定要直接，可以多兑现现金奖；如果市场处于平稳期间或者在下行期间，一定要管过程，不要追着大家要结果，要将所有激励都投入到过程上，比如带看、必看好房等。激励最重要的是找到大家的兴奋点，所谓没有最好的激励方式，只有最适合的激励方法，说的就是这个道理。

总而言之，每一家门店都有自己的百万门店成长路径，核心要素是找到属于自己团队的基因，不一定所有门店都在房源端、客源端、线上端做到完美，但是每一家门店一定有自己的特色。团队的基因可以通过运营管理被激发和培养起来，运营管理就是做好人员分类，将不同类型的伙伴聚集起来，尤其是将优秀的人聚集起来，更好地调动伙伴们的积极性，培养人才、成就人才。

最后，再强调一下我的观点：一是带团队的领导一定要以身作则、知行合一；二是执行一定要迅速，要有抓手；三是管理一定要看本质，打造高效团队的核心就是行程量化管理。

第二章

科学管理：线上成交占比超 70% 的管理实践

周本刚，从业 8 年，2018 年 9 月加入德佑，目前经营 5 家门店，位列 2019 年度全国德佑门店收入 TOP1，2020 年团队人数突破 160 人。创造过在 2/3 的经纪人都是新人的情况下，单店业绩连续达到百万元的辉煌成绩。

打造高绩效团队，从人员、架构、管理到文化，这是一系列关于经营管理的思考。我们团队从创业初始的 15 人，到现在的 160 多人，从最开始做单店，到现在经营 5 家门店，经历了非常大的发展跨越。2019 年，团队做到了德佑单店业绩第一，2020 年，单店业绩第五、多店业绩第九。

无论单店还是多店，我们都取得了不错的成绩。门店成长、裂变必须做精细化管理，不沉淀经营管理方法论，一定会遇到发展瓶颈。经营单体门店时，可以靠一个店东抓，经营多家门店时，如果不用科学的管理方式肯定不行。

一、科学管理的重要性

我曾经在团队经理述职后发过一个朋友圈：数据否定了你认为的"你认为"，"你认为"有的经纪人不错，但是通过数据分析发现他没有做什么事情；有的经纪人贝壳分降低，两个月后依然没有增长，这些量化数据直观地否定了原来的"我认为"。

这其实证实了一个问题，就是店东只靠经验管理是不行的，一定要有管理半径，这也是贝壳为什么建立底层系统的原因。大家可以思考以下问题：

①门店总人数是多少？管理是靠"我感觉""我以为"还是"我开会"？或者是用数据说话？

②如何定义经纪人的工作效率？如何管理低效率经纪人？

③如何发现经纪人的问题？如何帮助他们提效？

以上这几个问题非常值得门店管理者和门店 M 去思考。接下来通过一组数据给大家分析门店的经营风险：门店一个月进行了700 多组带看（这是新房和二手房合并数据），买卖单量为 12 单，看起来带看量和买卖单量已经很高了，但这组数据背后隐藏的问题是什么呢？说明几乎是进行了 50 多组带看才完成一个买卖单。

一个优秀的门店管理者，一定要养成看数据的习惯，看自己门店的数据，也看其他优秀门店的数据，从中发现别人哪里做得好，我们可以从哪些方面学习，我们跟优秀门店的差距在哪，也可以发现潜在的竞争对手？

数据是一股透明的力量，关键在于我们如何运用。48 个新房带看，只有一单完成成交，这是很差的数据，表明带看转化存在问题，所以要找出具体是哪个环节的问题。可以用这样的思路进行分析：是不是经纪人不会带看？是不是带看过程不会匹配？是不是经理的切入时间点有问题？11月新增买卖量开了口，如果开口没有打开怎么办……如果我是这家门店的管理者，一定先做数据漏斗的开口；相反，如果我是第一家门店的管理者，一定要做人员的转化和提高。（如图4-2-1所示）

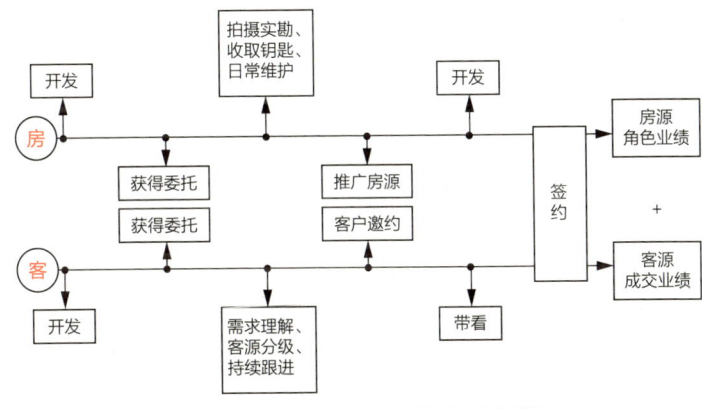

图4-2-1 二手房业务的基础逻辑拆解

我梳理了二手房业务的基础逻辑，对房源、客源，无非就是开发、带看，最后签约。那么，如何使用门店的数据呢？

首先，看数据对比，找到最好的和最差的。数据的提供降低了开店的难度，我们要很好地利用数据。简单地说，颜色深的数据一定要重点关注。

其次，看平均数据，店东要经常定义自己。现在的数据表被拆分得非常细，而且全城数据都可以看到，挑城市最高的商机量看，分析别人为什么能做得那么好？做得好的门店有哪些指标排在前面？

再次，看趋势，看数据环比和同比。关注市场变化时的数据调整，客源上升了多少、下降了多少。成都曾经有过一段市场波动，因为会有剪刀差，新房的排号量是房源量的三倍，普通摇号被全部剔除。这时，二手房的客户增量和客户带看一定会增加，所以关注数据的人就会发现要反抓房源、盘点房源、做业主面访，一旦有客户，成交会很顺畅。

最后，看前因后果的关联，房客比、带看成交比和投产比。很多人喜欢线上操作，因为花贝壳币可以拿到数据，但是有的人花100个贝壳币才买到一个商机，有的人则花30个贝壳币就拿到了优秀展位。

这里总结一下科学管理的重要性：

第一，量化管理为确定业务方向提供参考。量化管理能够监督一个经纪人的行程，店东一定要学会数据管理，数据背后就是经纪人的作业场景和行为习惯，数据要看得勤、看得多，并对每一项数据进行分析，哪里上升、哪里下滑、哪里有问题，从数据中抓住重点业务方向。

第二，缩小经纪人从业时间方差，弥补管理者经验不足问题。我愿意招聘大学生，因为他们爱学习，能够吃透线上逻辑，能够很快在指标上呈现好的状态，比如贝壳分提升至400分以上，这是缩小经纪人方差的方法。它带来的是大量的商机和不断的带看、不断的实战演练，这让经纪人快速成长。如果单店M或者店东想做大团队，必须要走科学化管理之路，重点抓房、客、带、人等指标，按照标准在贝壳系统上做透，这一整套逻辑形成了一个管理闭环：房源管理、客源管理、人员管理和带看管理。

第三，辅助管理者决策的正确性。有经验的管理者喜欢拍脑袋，很难跳出"我感觉"的经验陷阱。但是有远见的管理者一定要筛选数据，聚焦符合当下市场行情的业务动作，把它做到极致，这是关键。

第四，要有店组共同学习的工具，直观才是最有说服力的。每个月开月会时，都要使用数据向大家说明问题，并布置重点工作。房源管理就是管库存、管好房和曝光；客源管理就是管客户的质量、给客户画像，关注新增客户；人员管理就是人员培训；带看管理要注重带看细节，一带多看，做好加分项，带看是有成交加分的。

二、房源、客源、带看、人员：数据管理的逻辑

按照管理逻辑，通常把数据拆分为房源指标、客源指标、带看指标和人员指标。

1. 房源指标管理

房源是指增量、库存、商机，房源是获得自然展位最稳定而且最快的来源，商机都在房源上。房源是获取流量的根本，无论

外部怎么变换,优质房源永远是第一位的。自然流量需要引流,引流则要靠房源,尤其是新增房源。有了房源之后就要想办法推广,提高房源分值,保证曝光率。

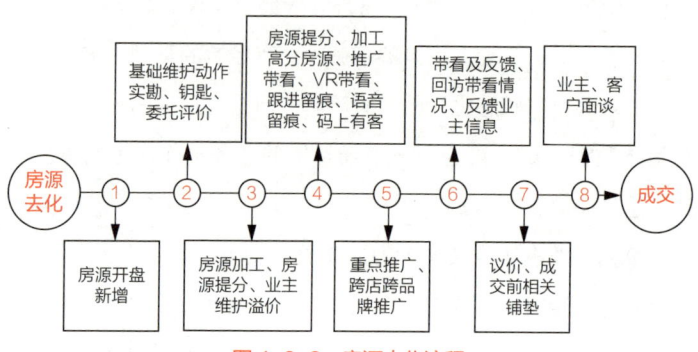

图 4-2-2 房源去化流程

2019 年,大家认识我是因为我拥有几十万贝壳币,这完全是基于我对逻辑的拆分。2020 年,我意识到自然展位的重要性,就重点关注自然展位。当然,每个城市的情况不一样,大家要根据所在城市的宏观情况确定自己的工作重点。

要关注新增房源总量和新增房源质量。新增房源总量就是新增加房源的绝对数量,比如一个新盘开了 20 套房源,你的门店占了 11 套,这 11 套就是新增房源总量。尤其是在市场环境不利的情况下,拥有房源就相当于抢占了先机,如果房源不足,就会为客源发愁。所以,房源是重中之重。

新增房源质量主要看 3 日首看或 7 日首看。如果一套房源开发出来,3 天有带看或者 7 天有带看,那么这套房源的质量大概率是不错的。如果新开发的四套房源，一套都没有被带看过，那房源的质量很可能有问题。新增房源质量还包括钥匙、实勘等，可能有人认为有没有 VR 讲房和实勘并不重要，其实这样的认知是很危险的。

库存看什么？肯定看高分房源占比。2018 年，成都链家的房源量是有很大优势的，但是到了 2020 年 7 月份、8 月份，我们和链家的房源量差不多，但是链家的商机是我们的 2 倍，为什么？因为他们的高分房源占比是我们的 2 倍，这直接导致商机效果翻番。

那么，如何能够拿到房源高分呢？这里分享一下相关经验：

房屋的基础属性是由楼层、房龄等决定的，所以无法改变，能够改变的是业主意愿、房源维护、客源热度和价格竞争，其中前三项的占比很大。在房源开发过程中，当业主给出自己的价格底线时，就直观地表达了自己出售的诚意。对于经纪人来说，要一周跟进一次房源维护，这样能够 100% 提升客源热度，最直接的表现就是 14 天浏览量、14 天商机量和 14 天关注量，其中 14 天关注量最容易提升，可以通过物质激励在自己团队内部达成。

如果想提升一套房子的商机量，必须先看维护人自己的商机量是多少，因为维护高质量的房源会带来市场关注度，我们要做的只是确定如何分布这些商机。在下一次购买流量时，要重点关注高质量房源，因为高质量房源里蕴藏的商机量更高，应该让这部分流量形成超配。

2. 客源指标管理

客源指标的核心是新增库存和新增转化。

新增总量和人均新增量这两个指标需要依靠经纪人自己进行提升，如果在人员充足的情况下，这两个指标都不是很高，那么这时就需要警惕。同时，如果门店里某一两个经纪人的新增客源量是其余所有人之和，那么这时其他人的处境就很危险。

库存客源由一看的客源占比和二看的客源占比决定。二看以后，哪些客户排号或者有意向，这一点非常关键，近7天连续客户活跃度能够体现客源质量；3日内首看和7日内首看，7日二看和15日二看，是客源质量的重中之重。30日内客户带看很关键，由它能推导出经纪人有没有业务动作，或者带看过程中能否获得客户认可，比如，你在带看时客户接了一个电话，告知对方："小李，我最近在外地，没有看房子。"但其实，他正在和你看房子。事实上，我们都知道客户不会只跟你一个人看房，在客源盘点里面可以看到一个客户近七天的贝壳活动轨迹：咨询了几套房源，委托了几名经纪人等。

从近30日经纪人带看次数和近30日其他经纪人带看次数中可以推断出重要信息：我们带看了2次，其他经纪人带看了4次，近7天咨询了22套房子，委托了另外4名经纪人，由此我们可以推断出，这名客户进行了11次带看，平均3天看一套房子，或者每周休息日都要看一天房子，这种时候离成交已经很近了。

很多经纪人说邀约不到客户，通过客源盘点数据就能发现，其实他的客户都在跟别的经纪人看房子。所以，客户量大的经纪人和后进人员，尤其需要拿客源盘点数据说话，找到自己无法跟进客户的根本原因。

新增转化要重点关注二看客源占比，二看占比是转成交最快的。一带多看率也是影响成交的关键指标之一，此外，还有带看回店率，如果你敢于提出要求，让经纪人带看后和客户一起回店算税费，转化比一定会提高。

还有一个管理上的细节，是关于开会的。我之前跟经纪人开会都是围成一圈站着开，后来改成了坐着开，因为站着开代表会很快结束，经纪人心里不踏实，坐着开的状态就不一样了。很小的调整，却大大提升了开会效率。

现在客户对专业知识的掌握不比经纪人差，因为贝壳 App 太强大了，客户会从中了解非常多的信息，有时他们对其他商圈的了解程度甚至高过经纪人。所以，为了不被客户问倒，一定要尽可能扩大带看半径，做到对本商圈内的情况绝对熟悉，对同类型其他商圈的情况要了解。（如图 4-2-3 所示）

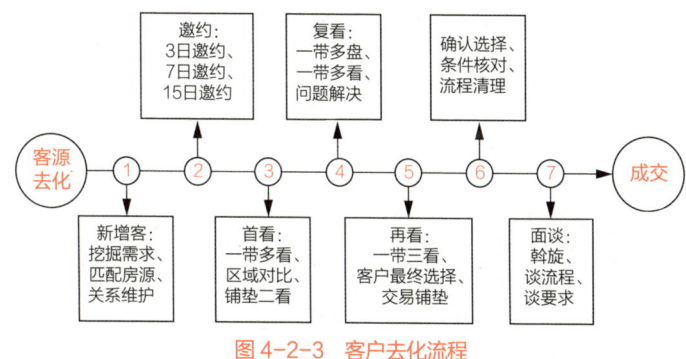

图 4-2-3　客户去化流程

3. 带看指标管理

带看指标分为线上指标和线下指标。线上就是 VR 带看，线下就是闭环带看和转化。

在线下，能够改变转化带看比的做法就是加大陪看和匹配力度，这也是在短期内能实现的。长期就要通过培训实现了。如果客户 30 天内的带看数据和 3 日内首看、7 日内首看一模一样，有两方面原因：一是客户不愿意找这个经纪人看房了；二是客户的目标房源发生了变化。

闭环带看非常关键，一个完整的闭环带看等于一个渗透 +（T+N）+ 扫码 + 评价，其中（T+N）是指提前 3 天预约带看，这其中的每一个环节都会加分，闭环带看直接影响贝壳分。贝壳分的闭环带看为 190 分，如果在抓贝壳分没有效果的情况下，最有效的办法就是抓闭环带看，做得好的闭环带看能使贝壳分提升 80%。

VR 带看也非常重要，贝壳认可线上战略，也相信能够 100% 做好。贝壳的理念具有先导性，VR 带看是门店重要的业务动作，它对于未来的业务发展具有非常重要的意义。

4. 人员指标管理

让过程量可控，让结果值可测。可控的过程量是指要关注人员的成长，虽然它不一定体现在数据上，但是业务动作最终会在数据上体现，与人员开单率、人员流失率、人员净增长等数据息息相关，如果一个门店月均流失率超过 8%，长期来看这个门店危机重重。

影响人员流失率的因素可以通过零业绩占比、零开单占比等指标来分析。我选择了成都比较优秀的一家门店，对它的数据进行了分析。表面上看，这家门店的业绩很好，但是一个季度的未开单率达到60%，导致人员流失率为28%，这并不是一家发展前景看好的门店应有的数据。

一个季度未开单率达到40%，意味着门店无法满足经纪人的基本生活，流失率必然高。如果门店人员流失严重，我们就要对新增带看量、VR带看量、IM商机量、房源量等指标进行重点监控。作为门店的管理者，这时还要对经理作用的发挥进行跟进，如果他总是以"我以为经纪人很努力"或者"我以为经纪人表现很差"进行评价，那么他一定缺乏对于数据的管理和分析。在多店经营的情形之下，这样的管理方式很难让门店获得长久的发展。

在把房源、客源、带看、人员的逻辑拆分清楚后，如何运用拆分的结果呢？一是趋势，要跟随贝壳的变化调整，贝壳带来的流量分为商业流量和自然流量，每年的权重是有变化的。2020年，成都的自然展位权重占了70%，所以我更重视自然流量，而房源是获取流量的根本，无论外部怎么变化，优质房源永远是第一位的。二是数量，总量、人均、库存、新增，这些都值得关注。三是质量，通过对大数据打分和对活跃度的操作，把质量提升上来，才能形成真正的正循环。四是变量，房源增量、转化率等是可以通过培训提升的，还可以通过合作提高带看转化比。我们团队的一名新经纪人和一名资深经纪人合作，成为季度业绩冠军，大家也可以尝试把商机量高的经纪人和转化能力强的经纪人配对，看效果推进合作。

三、数据管理落地

1. 业务逻辑

业务逻辑就是成交逻辑。成交逻辑就是房、客、带、人的逻辑再加上成交。房、客逻辑就是根据市场情况思考业务方向；带看逻辑就是发现问题、解决问题，短期提升靠精力，长期提升靠经纪人的能力。在经纪人能力培养中，带教顺序非常重要，首先要拓展经纪人的知识面，其次才是深究知识点。只有弄明白带教顺序，才能反推出经纪人数据差和做不对的原因。

2. 数据诊断

第一，作为管理者，要练就从数据拆分出门店业务问题的能力。如果管理者很优秀，察觉到数据下滑就立刻去抓，效果会很显著。

第二，学会过滤与聚焦。指标、数据种类繁多，一定要有重点地选择对团队意义最大的指标和数据，如果眉毛胡子一把抓，就会让团队成员处于疲于应付的状态，而且效果不好，大家对自己所做的工作产生怀疑，影响工作效率。所以，一个优秀的管理者，要学会过滤与聚焦。

第三，总结与运用，能够讲解问题的来源。管理中的有些东西是不能复制的，贝壳的 A+ 系统、线上工具很好地弥补了这一缺陷。如果能够把各种工具用好，团队就有了执行力，管理效果一定会好。管理者提出的问题一定要给出解决方案，而且要监督执行效果。（如图 4-2-4 所示）

图 4-2-4　贝壳分的五大维度

在管理落地的过程中，最难的是树立标杆，我们的做法是宣导好处、考核约束、荣誉激励、后进培训。对于如何获得更多的贝壳分，我们会定期做标杆分享，拆分提升分值的细节，比如房子的 UV 客户访问量、商机量等。如果贝壳分占 70%，贝壳币占 30%，那么贝壳币只能是锦上添花，不能起到雪中送炭的作用，但是贝壳分不一样，它有可能成为门店的"护城河"。

管理者在做数据管理时要掌握以下三个要点：

一是数据对比。从横向看，一路飘红代表业务动作缺失；从纵向看，将最好的和最差的数据进行对比，同时关注环比、同比增长情况。

二是通过目标述职管理结果。述职就是标准化管理的传承，通过不断述职，将重点指标深深印在脑海里，在管理中就有了抓手，只要是把重点指标抓好了，业绩就不会太差。

三是异常数据管理。要及时发现异常数据，分析是否是方法出了问题，并及时调整，找到导致数据异常的原因。同时打造标杆，让团队人员自己找差距。

四、述职管理：改现状、迭方法、促达成

团队要坚持在每周固定时间述职，如果是单店，我建议店东自己逐套聚焦好房；如果是多店，就由经理进行房源盘点。这里要注意以下三点：

第一，房源盘点是为了让经纪人了解更多的资源数据，经理要重点关注 5 分以上的房源；第二，无论责任盘里最优的房子是谁录入的，维护人是不是你，都要对业主进行面访；第三，述职之后一周，经理要重点关注述职时挑出来的好房，统计成交率，进行总结和反馈。

在门店经营中，真正把房源述职坚持下来的并不多。所以，如果你能坚持做房源述职，坚持进行房源加工，坚持做业主面访，把每一个业务动作做到位，门店的业绩一定不会差，因为这就是标准化的过程。

述职目标就是关注重点指标的变化。述职过程就是明确问题、剖析原因、理清思路，短时间内不会见到明显效果，但是长

期坚持,能够提高经纪人分析数据的能力,锻炼团队骨干使用管理工具的能力,为门店裂变奠定坚实的基础。述职结果就是给方法、抓要求、付行动。

在述职中,人均带看比、门店总带看等指标能反映经纪人的工作效率,统计片区内平均多少个带看可以促成一单签约,通过对比分析门店是否具有上升空间;人均维护量仅次于带看的指标,维护房源增加能够带来带看的增加,维护好房的增多则能够增加展位和上户量;新增房客量及房客比能够直接带来签约;新增房源影响展位,新增客源影响带看数,也是影响展位的指标。

很多门店都会出现所有资源集中在一两个人身上的情况,虽然表面上光鲜亮丽,实则门店内部已经存在严重问题,这其实是门店生存的很大隐患,会制约门店的发展。实行标准化管理以后,资源过度集中的情况将不会对门店产生严重影响。

再看管理的频次与重点。每天需要看客增、线上(VR、IM)、约看(T+N)、当天指标完成数(其他总量),每周需要看房源新增占比、房源提分、落后指标,每月需要看人员新增、人员流失。

以我自己为例,我会在看到所有数据之后立即跟骨干进行沟通,分析指标下降原因及其带来的后果。房源提分很关键,它能够反映经纪人的作业场景和行为习惯;通过好房占比的波动,可以监测人员的各项指标,给经纪人提出修改业务动作的建议。单店经营很容易判断人员新增和人员流失,多店经营一定要通过流失占比分析人员情况;人均房客等指标必须反复看,才能在头脑中留下深刻印象。

我的经验是,真实是数据的生命,失真的数据毫无价值;数据一定要结合业务,所有动作一定要结合业务,诊断出问题立刻对症下药;以人为本,灵活运用数据。

管理过程的正确性比结果的正确性更重要。数据能够辅助我们做正确的选择,所以我们要更多地运用好数据。

第三章

社区精耕：是业主也是团队伙伴，老客户转介绍超 95%

赖永荣，从业 12 年，2009 年跨行创业，是广州德佑首批加盟店东。2019 年加盟第一年即实现门店业绩翻番，2020 年门店业绩再次翻番。目前经营 10 家门店。

我跟很多同行不太一样，我是半路出家。2009 年 9 月，我接手了一家濒临倒闭的中介公司，一直做到现在，一路走来，完全是摸着石头过河。

我太太曾经在一家中介公司做过 8 个月经纪人，她经常会跟我说："今天我又开了一单。"慢慢地，我也开始了解这个行业。2009 年，广州修地铁，立起了很多"围墙"，有一家中介门店被围起来了，只在门口留了 1 米宽的路，看不到招牌。当时，那个门店的老板和经纪人都觉得没有客户了，门店也一直在亏损，但我认为这是个机会，就把门店盘下来了。

我当时没有什么积蓄，只是凭着一股子冲劲进了房地产经纪行业。因为之前在外企做过销售和培训，积累了一定的经验，所以业务上手比较快。第一年，我和太太两个人做了30多万元业绩，之后我们又陆续开了3家店，基本上每年都维持在40%左右的业绩涨幅。2018年12月14日，我们并网德佑，2019年总签约超过530单，2020年团队又有了新的突破。

我入行12年，回头想想创业这些年，每一年都会遇到不同的挑战，我都凭借之前积累的资源和韧劲渡过了难关。现在，我们有了德佑的品牌支持和底层支持，经营比之前轻松了很多。

从自己做自己的老板到做成一个小公司；从两个人创业到带经纪人；从一家门店到四家门店，再到十家门店，我所经历过的每一个阶段，思考和挑战都是不一样的。所幸的是，在过去的10多年里，我们从来没有亏损，每年都在增长。

总结起来我认为，首先是扩店策略制定得好；其次是人员结构稳定。现在我们团队共有70多人，1个总监，5个商圈经理，4个储备经理，从业超过5年的有12人，从业两年半到三年的有20人，从业一年以上的也有20人，从业一年以内的有10余人。团队人员储备充足，基本上所有骨干都是我一手带出来的。

时至今日，我希望我们能够从一家门店变成一家小型企业，再慢慢成长为一家中型企业，也希望为团队成员提供更广阔的发展平台。

一、从一家店到十家店：资源联动、人心稳定

2009年，我开始经营第一家门店，2011年，我开了第二家门店。这两家门店最大的优势是位置好、距离近，它们分布在一个十字路口的道路两侧，步行距离700米左右，两家门店有员工10余人。当时，市场热度好，所以业绩也非常好，而且没有后台人员和财务人员，经营成本很低。

2017年，我们才开始拓展第三家门店，2018年，第四家门店开业。这两家门店分别开在原有两家门店的两边，只是往外扩了一点，这是我的扩张策略。如果将新店开在一个不熟悉的区域，相当于从头开始，那样会非常艰难。我觉得店与店必须联动起来，并且有足够的人力、物力作为支撑。

2018年，我带着这4家门店加入德佑。2019年，我去北京参加了贝壳一周年庆祝活动，吸收了先进的经营理念，开始思考大店策略，希望通过做规模促进团队发展。

2019年，我们合并了另外1家公司，门店数量从4家迅速变成8家。

2020年7月，我们又开了1家大店，上下两层，共计150平方米，会议、培训都集中在大店举行。自此，我们对于门店的布局是1家大店、5家60平方米左右的中店、4家10~20平方米的小店。

我做扩张走的是合并路线，如果想打入另外一个商圈有两种方式：一是自己去开，这种方式比较慢，做资源积累也需要时

间。恰巧本地另一位店东主动提出与我合伙，因为我自己的 4 家店做得比较好，在区域内也有一定影响力，所以最终选择了合并。这样门店的规模迅速变大，人员也增加了二三十人，影响力急剧扩大。二是裂变。我的另外 2 家门店是团队自己内部裂变产生的，这样的扩张策略既达到了规模增长的目的，也做到了资源共享。

很多人会问："4 家门店合并，融合怎么做呢？"合并确实需要花费时间和精力。我们是 2019 年 12 月合并的，当时市场情况非常好，合并之后业绩上了新台阶。但是，2020 年 2 月、3 月、4 月三个月，市场情况不是很好，我自己带的那 4 家门店业绩没受太大影响，但合并的这 4 家门店所受影响比较大，因为刚接入系统两个月，线上逻辑还没有摸清楚，人员之间也缺乏了解，再加上疫情的影响，直到 5 月情况才有所好转。这期间，我花了很多时间将 4 家门店的人员调组，对他们进行线上操作培训，把他们纳入公司文化体系建设。现在团队业绩进入上升通道，人员状态也非常积极。

关于推进融合，我主要做了三件事。第一，开会宣导，将公司愿景和未来规划都告诉大家，同时搞一些活动，让大家能够看到未来、看到希望，也让大家感受到我们是从很小的门店一点点奋斗起来的，公司会越来越好，经纪人也有很好的晋升空间。

第二，团队文化建设。我们会为员工组织生日会，每年年底组织年会。年中组织了两次两天一夜的旅游团建，还有多次广州市内的一日活动，让团队成员彼此更加熟悉。

第三，鼓励在业务中交叉合作。有业务的交叉、资源的共享，大家很快就会融为一体。以门店为单位，同商圈的经纪人可以资源共享互推，也可以卖彼此的房子。

我们一直在摸索团队的晋升机制，希望给经纪人提供更多的成长空间。我们的整体架构分为A层级、M层级和S0层级，S0就是储备商圈，3~5个人组建成一个作战单元，再往上就是商圈经理S，S不做业务，专心带团队。（如图4-3-1所示）

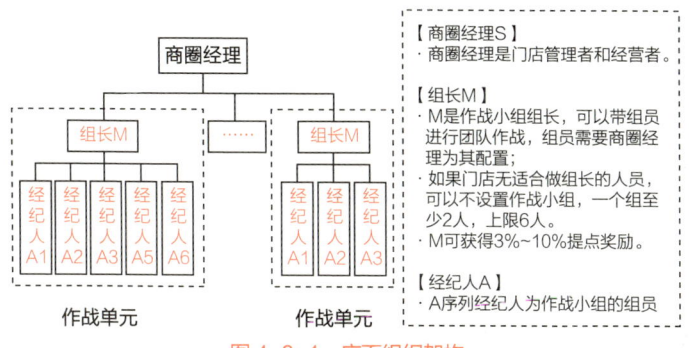

图4-3-1 店面组织架构

我觉得一个门店的管理者要掌握公司的发展方向，管大局，不要为细枝末节浪费过多的时间和精力。之前，我的团队人员比较少，所以基本上都是我在带，这也导致团队非常依赖我。现在公司发展到10家门店的规模，必须尽快帮助中层管理者成长，这不仅能够让我脱离管理困境，也是公司长久发展的必由之路。这些中层管理者原来都是经纪人，是业务好手，但是从业务专家到管理人才，还有很长的路要走。

我们现在有一个更大的目标，就是希望团队中的伙伴们都能实现自己的梦想。有目标，团队状态就会好；没有目标，团队是很难被带动的。一句话总结我做管理的经验就是，把要做的事情告诉大家，同时说清楚准备怎么做，然后带着大家往前跑。

二、店东是通过成就别人来成就自己的

我一直在思考一个问题：我们团队里有一批伙伴是大学一毕业就来到公司，如何让他们有更好的发展？

对此，公司制定了福利政策，在我们团队有一笔储备金，如果同事买房时需要资金资助，公司可以免费资助首付金，分期还款，而且不收利息。现在，已经有两位伙伴通过这项福利政策购买了房子。

创业 12 年来，我的团队全员有底薪、有社保。加入德佑之前，公司所有员工都是小白，但都是价值观一致的人，所以我手把手将他们带出来；加入德佑之后，他们中的一部分人逐渐成为行业内的资深经纪人。我们非常赞同房地产经纪行业做的是价值观的生意的理念，希望带大家走向一个更好的未来，让每个人都拥有更好的前景。

我现在的商圈经理是公司的第一个员工，工号 001，从他读大学到现在，一路跟着我走过来，将近 10 年的时间，他是公司发展的见证者。就个人而言，他的思维方式的转变和能力的提升都非常明显，现在已经能够独当一面，在管理我们的大店，也是

我们的股东之一。

还有一个令我印象深刻的经纪人，是我自己房子的买家。当时，潜在买家有三个人，但是我就想卖给她，可是她连首付款都不够，最后欠了我20万元半年后才付清，我依然把房子卖给了她。为什么我执意要把房子卖给她？因为我看好她，她非常适合房地产经纪行业。她待人热情，大学毕业后在广州结婚生子，一直没有工作，但是很有赚钱的欲望，从各个维度看都符合招聘标准。非常巧合的是，她的小孩和我的小孩在同一个班级上学，经过几次沟通，2016年9月，她加入了我的团队，第一年就做了30多万元业绩，第二年做了70多万元业绩，第三年开始爆发，做了122万元业绩，2020年，她成为广州德佑业绩第一名。因为一次买卖房屋时的接触，我找到了一名优秀的经纪人。

举这两个例子是想告诉大家，团队伙伴们和我们一路走来，甘苦同担，我所期望的不只是我自己赚到一点钱，还希望能够和他们一起创造辉煌。

在未来三到五年，我希望能够借助德佑的品牌，打造一个小型或者中型企业，这是一件非常有价值的事情。如果能够完成这样一个目标，相信团队的伙伴们也会得到更大的提升。

很多人抱怨："团队里的人越来越多，但管理越来越难。团队中能力强点的人都翘辫子，肯干活的都缺乏想法，自己重视的人一拍屁股走了，对员工凶一点就被人说，软一点又没有魄力，管理怎么这么难呢？"其实，这是每个管理者都经历过的"痛"，但我们认可一句话："管理者是通过成就别人来成就自己的。"我选择做"利他型"管理者，希望和团队一起快速成长，发挥潜能，提升实力。

稻盛和夫说："公司最重要的资产是员工、顾客和文化。"我们除了关心盈利和规模的增长，关心竞争对手的调整和变化，更愿意思考如何发挥员工的创造力，如何给员工提供成长机会。认可并尊重员工是促进员工释放能量的重要原则。

三、业务动作：每周聚焦最接近成交的5房5客

加入德佑之后房源势必增多，这时候考验管理者的是组织卖出一套房的业务能力。很多时候，组织氛围、团队凝聚力就是在一单一单的成交中积累起来的。

房源很多，但是真正接近成交、能够成交的并不多，所以店长最重要的工作就是梳理和聚焦近期接触的房源，判断哪些是业主特别诚心卖的、性价比高的、比市场价低的……每周我们都会让经纪人聚焦自己的5套房源，然后统一报给店长，再由店长选出门店的5套房源，举全店之力去推广，客源也一样。

如何判断是不是好房？这和业主的意愿关系非常大。我们通过研讨确定了衡量好房的五要素：业主是否配合看房？业主是否希望成交周期更短一些？如果有人愿意接受业主报价，他是否具备马上签约、办手续的条件？业主报价是否符合市场价？业主报价是否比市场价更低？通过以上五个方面，综合判断这套房源是否能够快速成交。

询问业主是否愿意负担佣金。之前广州是卖方市场，但是最近几年明显感觉到业主越来越需要经纪人的服务了，所以很多业务表现出了愿意负担佣金的意愿。如果业主愿意负担佣金，恰恰也能说明他的出售意愿非常强烈。

我们将每周三定为房源聚焦日。这一天，每家门店都要把自己门店聚焦出来的好房分享到公司群里。大家要按照统一模板提报，需要房源录入人、维护人向所有伙伴讲清楚这套房子的特点、卖点，被选为好房的理由，比如业主意愿度、是否有钥匙、是否有租客、租客是否配合、何时能看房、学位是否被占用、是否有贷款抵押等。

每周店长们会将选出来的好房汇总到我这里，一方面，我要通过对商圈、盘以及近期市场成交情况的分析，对这些好房进行整体把控；另一方面，我会让大家阐述这套房源成为好房的原因。总之，对于选出来的好房，我会发挥我的作用，帮助大家一起销售，比如组织集中空看，之后要求大家梳理自己的客户、匹配，再集中带看，同时要求大家完善线上数据。

对于聚焦房源，我们不会随意带看，而是固定某一个时间点，比如周六上午10点到12点，同时约几个门店客户一起看。同时，我们还会做定向推荐和朋友圈展示，并将它选为必看好房。必看好房在线上可以获得更多流量，咨询量、带看量也更高。

目前，我没有将聚焦房源的带看量跟绩效挂钩，还是以鼓励和引导为主，没有惩罚。我也不认为惩罚是个好方法，我会通过日常沟通、培训让大家认识到聚焦的好处。

成交之后的激励是回归业务、反哺业务，比如我会给予贝壳币奖励，大家可以拿贝壳币为自己的房源换取更好的展位，这是很有动力的。

另外，我也很在意标杆分享，所以我要培养标杆。只要团队中涌现出越来越多的标杆，大家就会相信这件事的确是有效果的。那么，这些举措所产生的功效都是激励大家更愿意带看聚焦房源。（见表4-3-1所示）

表4-3-1　A房聚焦带看情况汇总表

序号	关键环节	内容	责任人	目标	完成时间	检查标准	交付物
1	选房	①成交热点 ②业主配合 ③新增/降价/带看多的	店经理		周三		
2	集中空看、带看	①空看到场	经纪人		周四		
		②现场讲解、统一语言 ③带看前封盘	店经理		周四		
		④带看现场抽奖及激励兑现	店经理		周末		
		⑤邀请业主参观	经纪人		周末		
3	规则	①置换经纪人至少1组 ②店经理至少2组	店经理		周末		
4	激励	方案一： ①奖励带看TOP1 ②奖励成交经纪人200贝壳币，推荐人100贝壳币 ③奖励成交店长100贝壳币，推荐人50贝壳币	区经理		周一店经理会		

续表

序号	关键环节	内容	责任人	目标	完成时间	检查标准	交付物
4	激励	方案二： ①设立奖金池 ②奖励带看前几名	区经理		周一店经理会		
5	动作	①统一业务语言 ②成功案例分享、总结	标杆经纪人		下周例会		

客源聚焦的标准很简单：一是看他的迫切程度，二是看他的资金是否到位。

此外，我们也会做新房聚焦，这样带看转化率会更高。我们曾经聚焦过一个盘，几乎带过去一位客户就会成交一位，究其原因，就是选盘比较精准。我们的做法是根据区域内的客户类型决定主打盘，因为我们区域内的客户都比较注重教育资源，所以我们会重点关注教育资源比较好的新房。换句话说，我们是"为客选盘"，而不是一股脑把新盘都推荐给客户，这既是对客户不负责任，也会消耗团队斗志。如果一个盘不符合商圈内的客户需求特点，也不符合业主改善换房需求，我是不会特别在意的，但只要符合主流客户需求特点，我一定会把这个盘了解得清清楚楚，做到读懂盘，所以只要这个新楼盘的带看销售启动，就一定有效果。

"为客选盘"也是一种文化，虽然不一定团队中的每一位伙伴都能说出来，但的确已经成为大家的行为习惯了。我们印象深刻的是一单新房，客户的首付款比较有限，我们在比较大的范围内帮他找房子,最后在一个新楼盘找到了总价210万元、首付60万元的备选房源。虽然价格对客户来说还是有一些压力,但我们的确站在专业角度帮他做了一系列对比和分析,这个楼盘确实满足了他的很多诉求——面积90多平方米,可以做四房,带精装修,又是万科的物业,我们只带他看了这一个新盘就成交了。复盘时我们总结,这一单成交的最主要原因就是我们是站在客户的角度选房的。

四、是业主也是团队伙伴,以服务邻里为己任

我们的门店位于广州越秀区,是广州的中心城区,团队90%左右的业绩都来自二手房,新房只占10%。目前市场在调整,对二手房有一定影响,团队的业务策略也在做相应调整,有专职人员在跟进新房。10月,我们召集M层级开了多场研讨会,准备发动为期半个月的新房冲刺,做一二手房联动,实现客源的流动,目标是新房业绩占比从10%提到30%。二手房业务是我们团队的优势,不能放弃,继续按照之前作业方式来落地执行。

我们团队比较擅长的是做服务、做社区,老客户转介绍率达到95%。很多人问我:"怎样才能更快地融入社区,实现社区精耕?"我的回答是:"住进去是最好的方法,这是真正的融入。"

我们门店周边有10个小区,不仅这10个小区里有我的员

工，而且每个小区都有 1 个是我公司的人。我还招聘了很多周边小区的业主，尤其是宝妈，她们对社区熟悉，而且在我们公司工作方便照顾小孩。我们团队里有一个伙伴是在这里生活了 10 多年的业主，两个小孩已经读高中，她在附近有两套房子，一进公司就卖了两套房；我最近招聘的一个卖房的业主，他之前在北京是做客户关系的，因为疫情公司倒闭，选择加入我们团队。

住进小区就自然地融入了社区环境，每天跟身边的人打招呼、交流，再提供一些力所能及的服务和帮助，就不愁积累不到人脉了。（如图 4-3-2 所示）

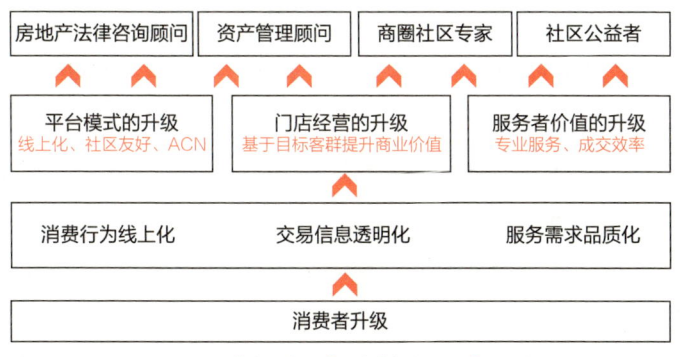

图 4-3-2 从"成交为王"到"客户至上"的时代变迁

有一天，我早上送小孩上学回来，在路口等红灯时碰到一个老人家和他的孙子，我们互相打了招呼，大家就都急匆匆地走了。但擦肩而过之后，阿姨又返回来找到我，我赶忙问："阿姨，您需要帮忙吗？"老人家说："能不能请你帮我送一下孙子，他要迟到了。"我估量了一下,他们走过去大概需要10分钟,我骑电动单车也就一两分钟,于是,我二话没说,就把小朋友送到学校了。

回来的时候,老人家一直在路口等我,我就跟她聊了十几分钟,阿姨说她想再买一套大房子,但是没有名额。我告诉她:"您60岁了,可以随迁,把户口迁到女儿这里来,就有名额了。"要不是跟我聊天,她根本不知道这种方式。后来,她到我店里做业务时我才知道,当时她家房子也是找我买的,只不过当时是她女儿出面。

有时候用十几分钟跟客户做个交流,或者举手之劳给他帮个忙,就能拉近与客户的距离,可能就促成了一单生意。其实这些都不是刻意为之的,都是邻里之间的心照不宣。我经常和经纪人说:"要把日常生活中的一点一滴做好,让提供帮助成为一种习惯,让自己成为社区好邻居、好朋友,不求回报,但回报可能就在不远处等你。"

交易是从接触开始的,社区活动就是最好的接触,它能让经纪人和业主、邻居有更多的交流,还能做品牌推广,让业主、邻居感受企业文化。

我们团队的伙伴有一个很重要的标签就是热情,大家都喜欢交朋友。我有一个客户,这位阿姨是我刚来广州时认识的,到现在有20多年了。她也是我在房地产经纪行业的第一单客户,当时她大儿子有房要出售,因为我也有很多东西不了解,所以花了很多时间和精力帮她查资料,解决问题。她大儿子住在养老院,不方便出行，我就把公证人员请到养老院办理手续。几年以后，阿姨的二儿子要卖房，正好符合我的需求，他们就以低于市场价20%的价格卖给了我。前段时间，她女儿卖房子还是找的我。我跟阿姨已经成为老朋友，自然也就承包了"一家人"的房子。做生意的本质就是做人际关系，人际关系好了，生意自然就好了。

在我看来，做二手业务最重要的就是人际关系。尤其是在市场下行时，更加凸显人际关系的重要性，如果你能服务好老客户，服务好社区，市场对你几乎没有影响，市场上行时你会做得更好，再加上其他业务线或者线上业务的辅助，你就会如鱼得水。

我对经纪人说："要让客户在和你接触一次之后还想找你，哪怕你帮他成交了一张租单，也要让他记住你，如果下次他不找你了，其实是你没有做好。"

从2009年到2017年，这8年来成交的600多套房屋，每一单我都要去房管局陪客户过户，因为我希望获得客户更多的认可和信任，我希望把服务做到底。

在我们团队，大家都知道成为社区专家的五字真言：快、准、专、贴、诚。具体来说，快就是快速响应；准就是精准匹配；专就是专业沟通；贴就是贴心服务；诚就是诚实守信。这五个字就贴在我们公司的 logo 下方，时刻提醒自己和员工遵照执行。客户越来越重视服务品质和交易体验，作为社区的一分子，我们希望提升服务的专业度为客户创造价值，同时也实现自己的价值。

领导力与人才战略

PART 5

2500年前，孔子曰："放于利而行，多怨。"也就是说，基于利益的行为最终导致的结果一定是"多怨"。房地产经纪行业流失率居高不下，如果今天基于高提成做人才战略，明天面对更高的利益时，人才会毫不犹豫地选择离开，甚至怨恨店东的"抠门"。我们尊重经纪人，对经纪人好，希望帮助经纪人实现价值，这样的领导者才能保留人才，成就人才。

美国著名领导力作家约翰·麦斯威尔认为："一个领导者知道方向并身体力行地指引大家奔向那个目标。"

诚然，对领导力有很多种解释，但是我们更喜欢用"使众人行"来定义领导力。在德佑，有一波聚人心、有魄力，对经纪人好的领导者，他们坚持长期主义，为经纪人谋划未来，也开启了门店走向成功之路。

第一章

人尽其"才":以身作则知人善用

团队人员零流失

周松,2008年入行,从业13年,2015年开启创业之路,2018年3月16日加盟德佑,是武汉德佑第一批加盟店东。目前经营3家门店,团队人数超过50人。

2020年,我们团队通过内推入职16名经纪人,人员流失率为0。我注重面试时候选人的感受,给予他们极大的尊重,这种尊重是为了留住人才。每次面试我都会问候选人是否有明确的目标,观察他是否有比较高的积极性。

房地产经纪行业和别的行业不太一样,要有一颗懂得感恩的心,才能够看得更长,走得更远。

我们团队有个不成文的规定,就是门店所有经纪人都要热情地对待每一个应聘者,比如及时倒一杯水,问候一下等,虽然都是小事,但是会给面试者带来美好的第一印象。

我的招聘理念是，我们不缺人，但我们一直在招人。把人员增长放在门店经营的首位，从人出发，做好选拔、培养、保留和成就。我们团队的业绩稳定在大区前三名，这跟团队的"人尽其才"密不可分。

一、人才选拔要严把入口关

我创业之初经营的门店不大，是社区入口处的一家小店。在加盟德佑以后，我的思想意识发生了变化，我身边有很多跟着我三四年的员工，我觉得自己有责任为员工提供更大的发展空间。

我对于人员入口卡得比较紧。每个新人进来时，不说是千挑万选，但一定要符合我们的要求，而且要与我们的价值观一致。尤其是现阶段的市场，新人一来就开单的概率比较低，所以我们倾向于招一些有社会经验的。

从招聘渠道上看，我们招聘的人员多数来自转介绍，转介绍的留存率比较高。此外，我们还通过抖音招聘了 2 名员工，其实抖音是个很精准的渠道。

在招聘上我们做了权责定位，以前是由 BP 负责招聘，但他们往往不知道 M 店经理的诉求，也无法详细了解各组人员状况，所以招来的人都不是很理想。现在由商圈经理和 M 店经理负责招聘，他们很清楚自己想要什么样的人，而且亲自招聘的人与团队的黏性会更好。（如图 5-1-1 所示）

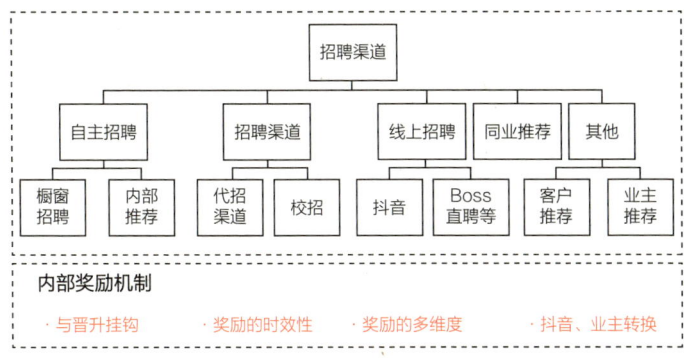

图 5-1-1　多维度招聘

对于新人，团队设定了 7 天试岗期，即跑盘期，面试通过之后就会下店试岗。试岗的目的是让新人了解商圈、了解门店文化、了解门店作业基本方式，同时要让他们持续讲盘，这样新人不会没事可干，每天会过得很充实。

在第 5 天或第 7 天进行讲盘通关，适应能力比较强的新人可能会安排在第 5 天，适应能力差一点的新人会安排在第 7 天，10 人评审团对新人进行通关考核。

讲盘能够体现新人对这份工作的理解度和认可度。评审团里的评委是门店所有入职一年以上的经纪人，整个过程非常规范，要让新人知道考核的严肃性和重要性。在考核过程中，老经纪人会随时给出建议和方法，让新人能够总结反思，当然，对于做得好的新人也会给予鼓励，帮助新人树立信心。

讲盘过程也是全方位输送门店文化的过程，以此确定这个人的价值观是不是跟门店文化相匹配。盘只是一个大的命题，要通过盘了解新人的信息收集能力、语言表达能力等，还要看他的态度，是不是积极地融入团队，工作是否用心。

新人的师傅和M店经理也会提问，这是新人和老人的一次零距离接触，最后对新人进行打分，80分以上通过考核，见表5-1-1。如果分数不合格，有两个选择：一是直接淘汰，二是让他选择继续跑盘，在第9天时再讲一次盘。我们注重打分的公平公正，会去掉一个最高分和一个最低分，最大限度排除"关系"的干扰。

表5-1-1 新人唱盘考核评分表　评委：　　时间：

评分项目	评分标准	分值	考核人
自我介绍	语言流畅、表达清晰	10	
商圈周边介绍	学校、银行、交通、医疗、购物	20	
项目介绍	栋数分布、小区绿化、小区物业、停车位、小区户型、价格	20	
新同事准备工作	是否准备充分、是否认真对待唱盘	20	
表达能力	唱盘逻辑清晰	20	
唱盘收尾、推荐自己	语言流畅、表达清晰	10	
总分		100	
提问环节	对于新人不熟悉的地方给予支持		

有个经纪人是通过抖音招聘来的。他刚来的时候对附近商圈不太熟悉，通过7天跑盘迅速熟悉了这个区域，让我印象很深刻。

他性格比较内向，我鼓励他和店内同事多交流，讲盘之后，他就加了所有人的微信，然后给每个人发信息，这一举动确实对同事关系的维护帮助很大，之后的工作进展非常顺利，现在已经是师傅级的经纪人了。

我们团队里也有跑盘跑了15天才被录用的经纪人，讲盘前他跟M店经理说："我这么努力，你就让我过了吧。"但M店经理回答："这事不是我一个人说了算，你要想过关，只有好好准备，好好表现。"虽然这个经纪人用了半个月才通关，但是15天的跑盘并没有白跑，他入职之后状态非常好，1个月接连开出了8个租单。

严格的考核让新人感觉我们对他的入职是很负责的，对他的成长是很负责的，也让新人看到门店对自己的重视，我们希望能够帮助经纪人看清自己是否适合这个行业、这个职位和这家门店。

10月，有一个新人跑盘跑了10多天，我很想给他机会，但他确实跟不上团队节奏，不适合我们的团队。后来我跟他做了一次深度沟通，把我的想法告诉了他，还给他推荐了另外一家门店，结果他很顺利地进入了这家门店，我们门店还因此得到了推荐奖。

一个新人进入团队的初期就像一个人的童年，需要手把手帮助、充分理解和尊重，这样才能让他们以正确的、合作的、乐观的方式迎接未来。针对新人的培养，我有四点感想与大家分享：

第一，新人入职以后要有师傅带教，告诉新人在第一个月需要掌握哪些业务动作，达成哪些指标，哪些作业工具能够帮助他们达成目标。入职前三个月，新人没有业绩考核的压力，以基础量化为主。

第二，制订新人培训计划，要注重内容的实用性，比如A+系统的使用培训、带看的业务动作培训、客户跟进培训等。同时，要有专项业务动作通关，比如手把手帮助经纪人提升400、IM等线上指标。

第三，要营造合作共赢的组织氛围。开单才是新人能留下的根本，门店制定的薪酬架构、业绩分配机制都是促进合作共赢的。2020年，我们门店的业绩在600万元左右，但单人业绩没有突破40万元的，这说明整个门店靠的是合作机制，合作人数最多的一单是5个经纪人共同作业完成的。

第四，对于新人的人文关怀非常重要。每个新人加入团队时，我们都会组织欢迎仪式，给他安排一些惊喜，让他能迅速融入团队，认识团队的每一个人，好的人际关系能降低新人的陌生感，增加满足感。

二、业务提效，合作共赢

2020年，筹划已久的大店开业；2021年，我们对店面进行装修升级，增加了休闲娱乐场所，可以打乒乓球、打台球，还设置了书吧、休闲区等，这是我们的员工福利。以前员工下班以后就回家打游戏，现在下班就在店里一起打球，员工相处得更加融洽。

门店人员流失的原因有三点：一是员工看不到希望，团队里没有足够的成长空间；二是在团队干得不开心，压力很大、很压抑；三是没挣到钱。在我看来，这些问题都与店东的领导有关。

店东的领导力在很大程度上决定了员工是否愿意留下来，所以店东要向员工输送专业知识和远见卓识，让他们觉得店东身上有他学不完的东西。当你带团队的时候，如果你的能力不足以带领你的小伙伴前行，或者小伙伴的能力已经超越你，那你的团队人员流失率肯定会很高。

对此，我深有感触，所以一直坚持在危机感中经营门店，这会让自己有不断进步的动力。有小伙伴这样评价我们公司：一年365天，每天都在开会，而且每次开会都有不一样的东西输出。

同时，员工对我的信任和期望值还是比较高的。从2018年加入德佑到现在，没有人因为门店不好而辞职，这一点让我觉得很骄傲。我们团队有一名经纪人，已经在门店工作了三年多。他刚开始作业的时候，很多东西都不会，于是我手把手带教，给他安排每天的行程量，告诉他如何邀约客户、如何匹配房源、如何带看。他也非常认真和勤奋，一步一步按照我说的做，一个月开了4单。

每天早上8：30我准时给大家开晨会，下班后我是走得最晚的那个人，我从来不在公司穿便装，我要把我自己打造成门店的核心竞争力之一，我希望来到我们团队的新人能够感受到我们团队经纪人的专业和规范。

我们公司还有两个比较特别的福利日：每月15日是消费日，

因为15日发工资,所以那天下午放假,让大家去消费,无论那天是工作日还是周末;每周二全员休息,由各组组长组织团建,看电影、钓鱼、吃饭、打牌都可以。对于有孩子的女性员工,我们是不做考勤要求的,希望给予她们最大的关心和照顾。我们公司员工买房、买车我都尽力帮助,就是希望他能在武汉扎根。

让我特别欣慰的是,大家都秉承着合作共赢的精神,知无不言,言无不尽,共同营造良性竞争的氛围。

有人对我因人而异的管理方式产生怀疑,提醒我这样做可能会制造员工之间的矛盾,我的想法是,我们团队成员友爱互助,没有那么强的对立观念,而且我做的任何决定都会在晨会上宣布,并针对一些特殊政策制定特殊的考核标准,让所有人都能理解,并遵照执行。制度的灵活不代表管理的松弛,氛围的轻松也不是没有要求。

我们团队的合作氛围浓厚,新人的开单量对M是有考核的,新人开单,M拿的提成多,老人开单,M拿的提成比例相对少,这一政策极大地提高了M帮助新人开单的积极性。我希望新人和老人的合作能够带来1+1>2的效果,进而达到合作提效大于技能提效的目的。

我们店有个新人,入职第二个月开了三单,都是老人推荐给他的。这个新人特别知道感恩,分配业绩的时候,给了介绍成交的经纪人大部分提成,每一个对他签约提供过帮助的经纪人,他都分配了提成。他说他被店里的无私氛围打动了,根本没在意这个单子能挣多少钱、自己能拿多少提成,他希望用这种方式感谢带教的经纪人。这件事也让店里的老经纪人们很感动，认为自己的心血没有白费。

三、以身作则，持续学习

目前，我们团队有8个小组，小组满编是7个人，低于3个人的要并组。对于M，我是当商圈经理来培养的，所以对他们的要求比较严格，从工作安排、经纪人培训、人员招聘到签单后期，所有事情都由M主导。对M授权，树立他们的威信，给他们提供充足的施展空间。

M带领一个作战小组就像开店一样，自己的角色不仅是一个M，还是一个团队负责人。要不断树立M的这种观念，他们在处理事情时会采取完全不一样的态度。在公司发展的过程中，需要更多有能力、有管理意识的人成长起来。要求大家做到的，我自己首先要做到，以身作则才能带动大家。

我经常出去讲课，不是为了报酬或者贝壳币，主要是想通过讲课拓展资源。疫情期间，跨城市的分享就促成了转介绍成交，我把这些交易全部交给团队里的经纪人。我希望大家明白一个道理，只有自己能力提升，才能更多地分享，在分享中继续成长并获得意外的收获。

我有意培养员工的分享能力，所以德佑在招聘讲师时，我会鼓励商圈经理或者M去试一试，每天晨会时，我要求管理层轮流在会上分享，专业知识和案例都可以，每个人要讲半小时以上,我希望通过多种方式培养大家的演讲能力。把你懂的东西当着 100 个人的面讲出来需要很强的气场和很足的底气,对于演讲能力的提升非常有帮助。

针对 M 的培训我完全可以不去,但只要没有其他安排,我都会参加,和 M 一起学习,并且记笔记、写总结,还会跟没有参加培训的人分享课程精华和要点。我让自己成为员工的榜样,希望他们能够像我这样学习,甚至比我学得更好,通过这种形式,我在进行自我提升,也在带动大家一起进步。

优秀的人才能吸引和留住优秀的人,职业信心是门店经纪人数量增长的关键要素,直接影响招聘入职率和留存率。领导力是你的尊重分和信任分的乘积,尊重是你的知识和经验,信任是你对他人需求和感受的关心程度。

那么,如何才能提升领导力呢?我总结了四个方面:习得、格局、训战和在一起。(如图 5-1-2 所示)

尊重是你的知识和经验,信任是你对他人需求和感受的关心程度。
图 5-1-2　领导力是尊重分和信任分的乘积

第一,习得就是要成为下级的天花板,为团队伙伴带来成长。专业度意味着懂行,不懂行的人为团队设定目标,相当于问道于盲。一方面,领导者既要自己懂行,还要有能力培训他人;另一方面,领导者必须保持对变化的敏感性,持续学习,以比团队伙伴和外部竞争者更加有效的学习保持影响力。

第二，格局就是认知改变。如果乔布斯不想改变世界，相信智能手机的发展不会达到今天这样的高度。有一句话说："每个人都只能赚自己认知范围内的钱。"认知是我们思维的格局，也决定了我们能够成为什么样的人。要想改变自己，就要扩大自己的认知范围，拓展自己的视野和格局，更好地拥抱未来。

第三，训战就是实战演练，一次又一次带领团队打胜仗。团队需要胜利来提振信心，信心需要成功来培养塑造。领导者必须竭尽全力追求胜利，用领导力支持胜利，用胜利反哺领导力。

第四，在一起就是以身作则和共同成长。领导力的提升还要找到事业伙伴，避免孤军奋战。（如图 5-1-3 所示）

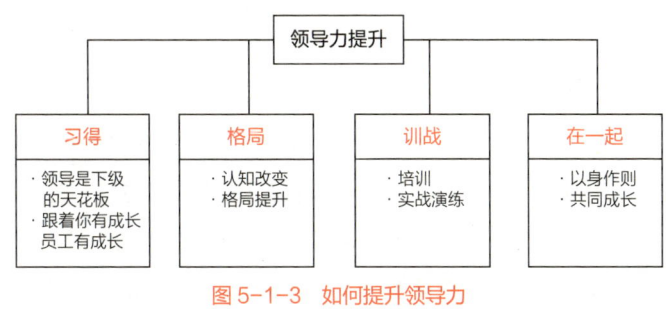

图 5-1-3　如何提升领导力

未来我会继续开大店，在管理者的招聘上，团队将本着公平竞争原则，在内部通过竞聘机制进行选拔。带教能力、责任心、意愿度，缺一不可，尤其要有利他之心，能够牺牲短期利益和个人利益，愿意与员工共同成长。短期利益的本质是取舍，考验管理者是否愿意站在对方立场思考问题，这体现在每一个细节中。我希望团队伙伴有更大的舞台，公司的每一步前行也是在为伙伴们铺路，大家相互扶持往前走，公司发展得好，每个人才能发展得好。

在下行市场环境下，压力最大的不是经纪人，而是管理者——M店经理和大店经理。交易量下降的时候，我要求门店经理和经纪人要在一起，经纪人没有带看也好，没有成交也好，是他不知道如何找带看，不知道成交点在哪儿。此时，非常需要M店经理和大店经理给经纪人提供及时的帮助，这才是对经纪人的最有效保障。越是下行市场，商圈经理越要真真实实地和经纪人"在一起"，陪他们去踩盘、带看，让他们有足够的安全感。

公开透明也是提振信心的方式。公司利润如何？和其他店相比，我们处于什么位置？这个月团队整体状况如何？和其他门店有多大差距？这些问题都要给门店的伙伴们呈现出来。尽管市场不好，但起码不是亏损状态，只是利润多少问题。将心比心，伙伴们才会更安心。

每个月我都会去想能否组织一些活动让团队氛围更好一些，有句话说得好："没有累死的，只有闲死的。"越忙越好，越忙越有效率，越忙越有成果，闲下来经纪人基本就离"死"不远了。所以，管理层一直在拉动经纪人，希望他们动起来。这个阶段，团队更多的收益用来反哺经纪人。

我希望做一个正直向上、敢于牺牲、懂行公平的领导者，并能够经受住时间的考验，沉淀下来，为团队广纳贤才，留住人才且知人善用。

第二章

人人开单：单月 65 单，连续 12 个月城市第一的经营实践

邹云鹏，跨界创业者，2019 年 6 月创业，9 月加盟德佑，2020 年连续 12 个月蝉联长春德佑金质门店。一年时间，将团队从 5 人带至 60 人，人员留存率为 95%。2020 年 5 月，除租赁业务以外，二手房、新房业务总计开单 65 单。2020 年位列全国德佑单量第二名。目前经营 9 家门店。

团队想要成长和发展离不开人，我们通过一支金牌团队，达成了百万门店，其中最核心的策略就是选对人、培养人、成就人。2020 年 9 月，我们定下成为百万门店的目标；10 月，目标达成：单均业绩是 1.6 万元，其中 1 个门店 39 人，人均业绩 2.87 万元，几乎是人均 2 单，总带客量是 186 组，新房成交周期非常短，很多新房客户当天即成交。

1999 年，我还是一名运动员，2008 年开始了教练生涯，之

后我跨行业进入房地产经纪行业。我喜欢挑战，进入房地产经纪行业不是想做第一，而是想破纪录。在长春，我带领团队做到了第一家百万门店，未来我希望带领团队达成更多的百万门店。

我采用的是教练式管理，因为房地产经纪人和教练很相似，都会经历选人、训练、比赛、收获的过程。

选人：在团队创建初期至关重要，如果没有选到优秀的具有同向价值观的人才，我们不可能完成如此优秀的业绩，成为这么强大的一支团队；训练：我们团队的成员都非常认真训练，我个人特别喜欢打新房，所以每次都是我带着他们一起打新房，并在每个新房售楼处进行学习；比赛：通过业绩驱动，我会将每个楼盘做到极致；收获：我们门店拿到了很多荣誉，这些荣誉带给团队无限荣光，也给了我们足够的激励和不断向上突破的力量。

一、组建团队：会招人、会用人

1. 团队人员发展的四大阶段

第一阶段：从 2019 年 9 月开始，团队组建初期是 6 个人，其中 4 个是宝爸，所以当初大家并不看好我们。但是，宝爸经纪人邻里关系一流，非常擅长做社区，而且号召力特别强，对小区和物业非常熟悉。在初建团队时，我们还招聘了 16 个有经验的经纪人，以弥补经纪人小白的缺陷。

第二阶段：从 2020 年 3 月开始，疫情期间有很多经纪人失业，因为他们所处的环境和我们不一样，贝壳有线上业务而他们没有。疫情期间，我们所在城市的很多房地产中介公司员工放假在家无事可做，而我们在家用 VR、抖音、快手，甚至 QQ、朋友圈作业，所以，疫情期间我们还将周边门店的店长、老板收编到团队中来，借助线上优势，组建了 30 人的团队。

第三阶段：2020 年 5 月，两家门店的人数已经接近 60 人，非常庆幸当时招了很多店助，专人专岗招聘，而且经纪人增长中心给我们推荐了很多人。现在我们店有 40% 的经纪人是大学生，而且有一个是吉林大学的，现在做人事工作。她来的时候跟我说："放心，我给你招人，一个月最少让你面试 20 个人。"事实证明，她真的为我们招来了很多大学生。

我们一直在做推广和广告投入，我们包了长春市 40 多辆公交车打广告，周边楼盘将近 20 个小区门口全是我们的广告，第一个月效果不是很好，第二个月效果开始显现。后来，我们又在城市核心商圈做了投屏。

第四阶段：从 2020 年 7 月开始，四家门店共有 90 多人，还有 A 类经纪人慕名而来。我坚持做成 A 店，所以我们的经纪人也是 A 类，后来吸引了一大批 A 类经纪人来我们门店学习。

2. 招足量、聘好人、留好心

招到人之后的环节是团队培养，首先是带教，老带新，普通的做法是"1+1 法则"，即一个师傅带一个徒弟，而我们做"2+1

法则"，如图5-2-1所示，即两个师傅带一个徒弟，师傅要在两个月之内帮助徒弟开单。

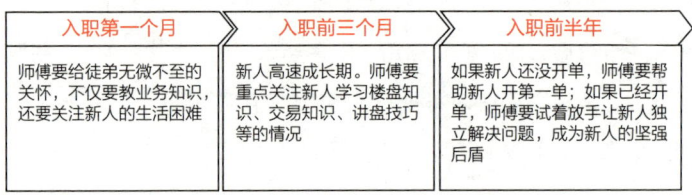

图5-2-1　老带新"2+1"法则

在徒弟入职后的第一个月，师傅要手把手教，而且要细致入微，要从生活中去关心徒弟，方方面面地了解徒弟，要走进彼此的生活中。新人培养可以从以下三方面入手：

第一，新人入职后的前三个月是高速成长期，师傅要重点督促新人学习知识，教他交易技巧。如果入职后半年，新人还没有开单，师傅就要帮新人开第一单。开单之后，师傅要放手，让徒弟主导作业，师傅作为辅助，只负责解决徒弟无法解决的问题。这样徒弟会成长得特别快。

第二，充分利用学习赋能，刚进入行业的新人要通过公开课、各专业线组织的培训、贝壳经纪学院线上课程等来学习。贝壳经纪学院的课程很好，每位讲师都是大咖级的，我听完他们的课程，会对很多措施的落地有新的思路。德佑还有专项赋能、日常培训甚至店内培训，店内培训的实用性非常强。

第三，新人要学会看报表、看数据，知道数据是怎么来的，如何用数据指导实际工作，还要探讨做得好和做得不好的地方。

关于团队组建，我总结了三点：招足量、聘好人、留好心。招足量就是招到足够的人；聘好人就是聘到价值观正的人；留好心就是对经纪人就像对家人一样，给予无微不至的关心，经纪人的困难要第一时间了解，并及时提供帮助。

我们团队没有老板，只有家人，团队成员都像对待家人一样对待彼此。

二、打造团队氛围：情感留人、制度留人、文化留人

打造有战斗力的团队需要"三驾马车"：情感留人、制度留人、文化留人。情感留人就是营造像家庭一样的氛围，我就是大家长，经纪人对我可以敞开心扉、直言不讳，当然如果我做错了我也要改；制度留人强调的是无规矩不成方圆，公司没有好的制度是留不住员工的，没有好的晋升制度，看不到职业发展的可能性，M干得再好还是M，那么他一定会离职；文化留人指的是打造共同的价值观，拼搏进取，合作共赢。

营造团队氛围的核心思想就是对经纪人好。我们90个人的团队，每个人我都付出时间和精力去关心他们。经纪人要做有尊严的服务者，这种尊严来自客户的尊重，也来自内部的尊重。

我设计了四种团队激励措施：一是新人激励，设置迎新仪式、首单奖（送西装）、提供住宿。初入职场的新人不一定资金非常充裕，所以他们开出首单送名牌西服，既是作为奖励，又节

省了新人在服装上的开支。二是成交激励，用现金激励经纪人。三是旅游激励，我会在先期了解经纪人的需求，根据需求设置奖励，我们团队设置了3.8万元的业绩指标，经纪人实现目标以后可以和家人一起享受旅游奖励。四是家人节日问候，每个经纪人入职时都会填写一张表，要求填写父母、配偶等的生日，在这些特殊日子或者重大节日到来时，我们会以公司名义为经纪人的父母、配偶等送上生日蛋糕或是一份小礼物，表达团队的感谢之情，也希望获得家人对经纪人更大的支持。

最受爱戴的领导的五个特质：一是诚实守信，坚守价值观底线；二是高瞻远瞩，有使命、愿景、目标、行动；三是激励人心，士气高涨的团队能提升30%的战斗力；四是以身作则，与经纪人在一起；五是公正公平，有健全的规则、机制。我也以这五条标准要求自己。我希望自己有魄力，能够带领大家创造纪录，在我们定下百万门店目标时，我就跟团队伙伴说："取得的这些业绩我一分钱都不会拿，都分给大家。"

三、业绩支撑：打新房

1. 业绩拉动要靠新房业务

长春的客单价其实非常低，新房的成交均价一般为90万元，二手房的成交均价一般为77万~80万元，新房的佣金一般为2万~3万元，二手房的佣金一般为1万~2万元，所以我们团队是在成交65单的基础上达成百万门店的。

2. 新房高效转化六步走

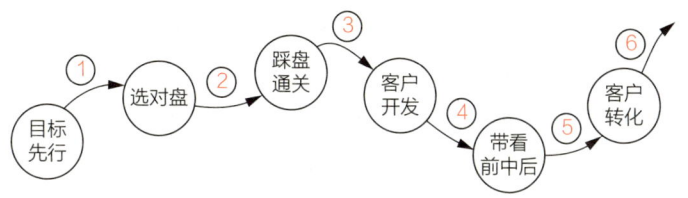

图 5-2-2 新房高效转化六步走

第一步：目标先行。目标先行主要是指要选对目标，目标房源品质要好，开发商遵守规则，值得信赖。从带看量、签约量等多个维度制定目标，有目标大家才更有动力。目标确定之后要进行拆解，拆解到每个店、每个月，这样更有利于目标的实现。（如图 5-2-2 所示）

团队在冲击百万门店时，我在每个门店的显著位置都贴了 100 万的标志，为的就是时刻提醒经纪人将这一目标印刻在头脑中。同时，要通过复盘知道什么样的客户是这个楼盘的购买主力？这个楼盘适合什么样的客户，并给出客户画像，这样可以有的放矢地邀约客户看盘。

第二步：选对盘。选对盘能让新房转化事半功倍。贝壳有 A 盘和高质盘，我们一般会针对这样的项目做投入，而且一定要找配合度高的盘，置业顾问会用心帮你带客户，给客户讲解楼盘，更好地促进成交；要找成交量大的新盘，但成交量大自然抢手，所以要带团队去抢地盘，到售楼处集体邀约，不允许请假；要找结佣快的盘，店里需要现金流，经纪人也等钱吃饭，结佣快才能给大家更好的激励。

第三步：踩盘通关。从带路人到带看人，踩盘通关可以让经纪人吃透项目的核心卖点，在邀约和带看过程中迅速将项目卖点转化为客户痛点的解决方案。我会亲自在售楼处空看现场进行通关审核，经纪人要做到即使没有置业顾问，自己也能给客户讲解楼盘、分析楼盘周边情况。打盘时要了解三方面内容：一是项目制度，有些楼盘是要报备30个人才可以进的，这个制度执行不好会影响佣金结算；二是项目主要信息，比如项目规模、产品类型、主力户型面积端、单价、总价段、物业费、交房时间、在售产品分类等，绝对不能出现客户的问题答不上来的情况；三是项目卖点提炼，要熟知项目的核心卖点，并了解项目的所有信息。（如图5-2-3所示）

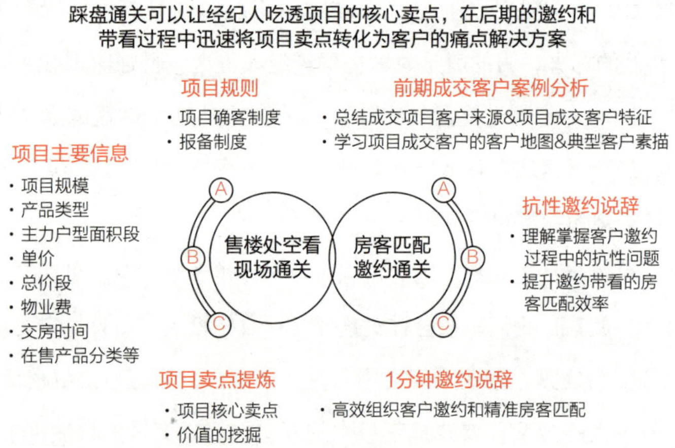

踩盘通关可以让经纪人吃透项目的核心卖点，在后期的邀约和带看过程中迅速将项目卖点转化为客户的痛点解决方案

项目主要信息
- 项目规模
- 产品类型
- 主力户型面积段
- 单价
- 总价段
- 物业费
- 交房时间
- 在售产品分类等

项目规则
- 项目确客制度
- 报备制度

前期成交客户案例分析
- 总结成项目客户来源&项目成交客户特征
- 学习项目成交客户的客户地图&典型客户素描

售楼处空看现场通关 — **房客匹配邀约通关**

抗性邀约说辞
- 理解掌握客户邀约过程中的抗性问题
- 提升邀约带看的房客匹配效率

项目卖点提炼
- 项目核心卖点
- 价值的挖掘

1分钟邀约说辞
- 高效组织客户邀约和精准房客匹配

图5-2-3　踩盘通关关键点

房客匹配邀约通关同样有三个要点：一是前期成交客户案例分析。总结成交客户的特征和画像，并和其他伙伴分享，经常性地做分享，有利于经纪人复制优秀经纪人的做法，能够提高团队效率。二是抗性邀约说辞。理解掌握客户邀约过程中的抗性问题，准备好相应说辞，以提升客户匹配效率，让经纪人在最短时间内高效组织客户邀约，从而实现精准的客户匹配。三是一分钟邀约说辞。经纪人要学会一分钟邀约，用有吸引力、最凝练的语言介绍整个楼盘。

这里跟大家分享几个案例。2020年9月我们打新房，当时几个伙伴刚刚出差回来，直接从机场到售楼处学习，我真的很感动，大家学习到夜里十二点，没有一个人提前走。10月8日，另一个新盘开盘，我们团队刚结束一处工作，立刻集体奔赴售楼处，在超市买了一些面包充饥，干了一夜，可惜一个客户也没来，但是没有一个人放弃。邀约效果在第二天显现，不仅现场来了很多人，甚至有客户直接下单。我们团队里的年轻人特别执着，目标感很强，我真心为他们高兴，也对他们的未来充满信心。

第四步：客户开发。我总结了客户开发的四种途径：

一是业主转客。大部分二手房业主卖房后都会买房，我们统计出二手房业主和报盘业主，对他们建立专业沟通机制，持续了解他们的购房需求。

二是租赁房东。一般租赁业主都不止一套房子，资产实力雄厚，这其中蕴藏着很多投资需求，我们会主动与他们沟通新房投资。同时，我们秉承服务先行的理念，积极邀约，车接车送，与其他房地产中介形成差异服务。

三是合作客小组，积极践行合作共赢的理念。在团队之中，我们组建了合作小组，20多人都把自己的客户放在共享池里，不私藏任何一个客户。同时执行淘汰制，每一个分组是6人，客户量排在倒数第一的即刻淘汰。合作客小组效果非常好，月均成交七单。现在每个门店都成立了合作客小组，大家干劲特别足。

四是种子客户"1+N"。一个客户在成交之后一般在一到两周内会带动身边两三个人成交。一位阿姨在我们这里交了两万元定金买新房，约定2022年交房，后来阿姨说自己儿子是2021年结婚，交房时间太晚不要了。于是，我们在售楼处不配合的情况下帮阿姨退了房，并承担了阿姨的损失。这位阿姨特别认可我们的工作，先后介绍了四个朋友来买新房。其实，实现种子客户"1+N"的核心就是做好服务，不怕吃亏，真心实意地帮客户解决问题。

诚实专业的服务、不卑不亢的态度，服务好每一个客户，才能够有所成就。同时，要了解每一个客户的真正需求，并转化成独一无二的服务体验，在我们团队，做的就是品质。

我们能从80平方米的店面发展到现在200多平方米的大店，靠的是持续积累。把握好商机转化的两个重要场景：带看和售后，找准时机，适时引导，通过种子客户带来"1+N"的商机转化。阿姨退房事件的处理其实就是售后，如果处理不好售后，会影响很多环节。我们团队非常重视售后，发生任何事情一定第一时间到现场解决。

第五步：新房带看前中后。我要求伙伴们使用"3+1法则"，"3+1法则"就是在客户看完3套二手房后，如果没有成交意向，马上推荐1套总价匹配的新房。要不断地给经纪人树立新房意识，让他们愿意推荐新房。我们在"3+1法则"上获得很大收益，包括扩大了业务空间，提升了成交概率，通过产品对标丰富客户储备。

要使用好"3+1法则"，就要在带看前解决"三个陌生"问题：房源陌生、客源陌生、合作人陌生。房源陌生要靠带看前的内外兼修解决，"内"就是售楼处内的点点滴滴，"外"就是了解项目周边1公里范围内的配套，项目所在板块特点和价值。

有一次，我们团队的一个M约了客户进行新盘带看，但他没有提前报备，要等1小时50分钟才能进，幸好M非常了解新盘周边的环境，带客户在周边转，五所学校、医院，甚至连距离这个楼盘直线1.5公里的殡仪馆都如实相告。感叹："真是一条龙服务啊，从医院到殡仪馆全都有。"逛完周边3公里后，M和客户实地看了新房，客户买下新房的过程非常顺利，因为他已经对周边了解透了。所以我们要把盘吃透，包括楼盘周边3公里以内的基础设施。

对于客源陌生的问题，要采取3W原则。3W原则指的是，为什么买这个房子？为什么看中这个楼盘？这个楼盘的哪些价值点打动了我？因为我是融创的客户，所以我以融创为例进行说明。融创的口号很好：做全中国最好的房子，我认为这个理由足够。融创的房子精装修，品质高，并且将服务做到了极致。我当时到融创售楼处的时候，刚停下车，保安就把雨伞撑到我头上，我拿出一张纸用完,垃圾桶就到了眼前。

合作人陌生的问题很好解决,就是每次空看都要定目标:必须添加3位置业顾问微信,为后期客户介绍和提前沟通做准备。

在带看中,要靠案场配合打出完美的组合拳。如何获得客户的信任?如何避免带看中的问题?获取客户信任需要遵循什么原则?核心只有一个——服务专业。在专业服务方面,一定要做到独有,有区分度,真心对待客户。

带看要高效转化,避免带看问题,要懂规则,重视首看。首看时,一般会通过聊家常,了解客户真实需求,而且要找准决策人。

带看之后要写一篇日志,记录带看客户的各方面需求和其他值得记录的地方。每一篇日志都能带给经纪人收获,我的理念是持续地保持耐心,从简做到繁,再从繁做到简,让成交变得简单一些。

带看后,如何做到深度房客匹配,有三个秘诀:单刀直入、投石问路、了解核心决策人。单刀直入就是直接和客户交流核心需求和购买力;投石问路就是验证客户需求,一点一点渗透;了解核心决策人则需要了解客户的家庭情况,让家庭中的每一个人都感受到服务的热情和专业,让他们每个人都足够了解这个盘,最后找出真正拿主意的人,只有这样才能实现高效匹配。

第六步:客户转化。提升效率有三个关键点,即影响新房转化的三种困难:房源端困难是项目多样性、户型多样性、难匹配;客源端困难是客户的基础信任度相对较差;人员端困难是作业人员专业能力欠缺。

针对这些欠缺,我们通过云学堂进行学习,每周三下午所有经纪人集体学习，讲师都是团队内部员工，谁的分高、新房做得好，谁就来讲。

解决房源端困难就让经纪人选择自己最爱的楼盘、最爱的户型，讲出自己喜欢它的原因。在盘源上有的讲且讲得真，才是足够了解。

客户信任度差的时候就要求经纪人有核心作业能力。在售楼处，很多客户专门找我们的销冠买房子，觉得他特别专业，相信通过他能够买到心仪的房子。人员端困难要靠团队作战，自己设置房源端和客源端进行合作，避免恶性竞争。

打新盘快速逆袭的三个原则：房源端——专注于深挖自己钟爱的产品并细分客群，提升匹配效率；客源端——争取一带多看，建立更多客户接触点，向售楼处借力，主动平衡客户利益，形成信任的正循环；人员端——主动争取团队作战，队员之间取长补短，提升客户服务体验。

四、新房管理的两个通用力：持续学习和时间管理

1. 新房管理的持续精进

做好新房管理的两个通用力：持续学习和时间管理。持续学习是经纪人成长的高效路径，能帮助经纪人走得更远。如果我没有加盟德佑，可能也学不到这么多专业知识，所以我不会错过每一场培训。时间管理会让经纪人的每一分钟更有含金量，没利用好时间是意识层面的问题，就像你要有意愿打新房，才能安排出

时间去做和新房相关的事情一样。

新房能够促进二手房客户的二次激活。如果客户对新房真的没有感觉，就介绍二手房给他，让客户对比新房和二手房哪个更适合他。新房能够促进门店扩张，我们门店新人居多，新人团队适合主攻新房，要将新人培养得比楼盘置业顾问更专业，在新房市场上才更有竞争力。

2. 提升门店新房意识的三个建议

第一，店长要以身作则。当初我拿下新房第一单是卖了一套门市，佣金七万元，团队伙伴看到以后就会相信新房有的做。更重要的一点是，我是带头干，不是带头看。

第二，激发更多意愿。设立新房专人专岗，卖新房的经纪人要固定做新房。我们团队的一个小姑娘，她每天早上6：30进售楼处，夜里12：30出售楼处，一天成交13单，并且自己也在售楼处买了一套新房。这就是标杆，要让标杆做成交经验分享，让大家借鉴他们的成功经验。我们团队非常关注客户服务体验，一定要及时解决纠纷，只要有纠纷，就要暂时放下一切事情把纠纷解决。

第三，持续提升门店新房销售能力，要具备多品类、远距离作战能力。我们曾经销售过一个主打滑雪的文旅项目，盘特别大，距离特别远。我们90多人的团队，在售楼处连续开了3天早会，第4天开出了第一单，大家士气高涨。所以，我们非常相信坚持的力量。

总结来看，要把服务做到极致，让更多客户感受到我们的服务品质，如果客户没有获得良好的服务体验，这一个又一个纪录是不可能做到的。

荣誉感是刻苦奋进的指路明灯，我们门店的每一个人心中都有达成百万门店的目标，而且非常笃定。我们的口号不是争第一，而是破纪录。我和团队有一个承诺，如果我们做到百万门店，我就把提成全部拿出来，给大家每人买一部手机作为员工激励，后来经过大家商议，把提成放到了公司账户上作为旅游基金。

最后，我想告诉每一位管理者，用家长式的关心给经纪人温暖，用教练式的管理帮助经纪人成长，做经纪人的大家长，努力改变他们的生存环境，将心比心，通过成就他人成就自我。

PART 6

市场下行下的德佑门店

房地产经纪行业是周期性波动明显的行业,在周期性波动的影响下,房地产经纪市场会出现波峰和波谷,出现上行和下行阶段,这是完全不同的市场状态。对行业从业人员来说,波谷市场更能考验人,没有经历过波谷的市场或者没有在波谷市场上有一番作为的企业,是不可能取得领袖地位的。

2021 年,"深圳超 100 家房地产中介关闭门店""深圳房地产中介数量锐减"等多个话题屡次登上微博热搜。深圳市房地产中介协会发布的报告显示,截至 2021 年 9 月 30 日,深圳市实名登记的星级从业人员数量为 4.1 万人,比上年同期减少 14.2%;再看门店层面,深圳有 642 家房地产中介门店关闭。

减少开支、保存实力,成为深圳房地产经纪行业的主旋律。2021 年,深圳的房地产中介可谓最先体会到楼市的冷暖。面对市场表现低迷,人员大量流失,门店频频关停的局面,如何探索破局之道,找到可持续发展之路,值得当下每一位从业者深入思考。

也许现在我们找不到最佳答案,但是我们可以从 3 位德佑店东的经营实践中看到破局的魄力和穿越周期的决心。

第一章

拒绝"躺平",从走弯路到突围破局

崔鑫鑫,2015年进入房地产经纪行业。2019年底加盟德佑,其门店是深圳德佑第一家示范大店。

我是一个性格比较开朗,喜欢接受挑战的人,在体制内时间长了,很想跳出来看看更大的世界。我非常认可链家的品牌以及链家的体系,所以创业的选择是加盟德佑。

一开始,门店是找职业经理人经营的,我自己的主要精力花在学习上。后来,我发现门店每个月都在亏损,下定决心要自己经营。现在,门店的情况有了很大改变,业绩也不错。

2021年2月,深圳出了限购政策,因为我们大约95%的业务都在二手房上,所以新政对我们而言几乎是灭顶之灾。2月、3月、4月三个月,我们还尝试在二手房业务上突破,但市场下行无力回天,5月、6月、7月,我们做了三个月租赁业务,大概成交100单,业绩也不甚理想。于是,决定将业务转向新房。8月业绩为43万元,9月业绩为67万元。现在,无论是原来做二手房的经纪人，还是新经纪人，都已经适应了新房的节奏，门店经营基本上步入了正轨。

我认为，在下行市场店东的精气神很重要，自己有信心，才能将信心传递给经纪人；同时，要有空杯心态，面对问题时能够从零开始。店东千万不能当甩手掌柜，要自己下场和经纪人一起做业务，要精细化管理，盯好每一个数据。

一、弯路，总归是要走一些的

其实，在面对下行市场时，我是走了一些弯路的。2021年4月，我开了一个全员大会。会上我问大家："要不要一起做新房？""不知道怎么做啊！""没做过新房啊！""要不然做租赁试试？"经纪人们纷纷表达自己的想法。

因为大多数人都比较抵触做新房业务，我当时也没有特别大的信心，所以决定先集中资源做租赁业务。

"错了就错了，总归是要走一些弯路的，但如果不试一试租赁是否走得通，大家是不会心甘情愿做新房的。"这是我当时的真实想法。

7月末，团队成员的状态都很低迷，三个月的时间，租赁只开了100多单，大家对租赁的热情逐渐减退，趁这个时机，我决定打新房。当然，仍然有一部分人不同意，觉得做新房太难了，所以我就选了8个人，组成新房小组，让新房小组先行动起来。先让一部分人做出业绩，剩下的人看到效果，也就会被带动起来。

对于新房小组的人选,我不看行业经验,也不看卖过几套房子,就直接问:"谁愿意来打头阵?"这个阶段意愿的能量大于能力。当我带领绝大多数成员都是新人的新房小组成功开了 4 单以后,老经纪人也坐不住了。所以从 8 月开始,基本上所有人都在打新房。9 月迎来新房业务的小爆发,这给大家注入了一剂强心针。10 月,大家都进入了正常的工作状态,集中力量做新房业务。在租赁业务方面,安排两个人专门做,团队其他人都把租赁资源交给他们,这样大家的工作也更加聚焦。

面对业务转向,需要调动大家的积极性,最有效的办法就是精神带动加激励。

第一,店东自己要充满信心。我是一个比较有热情的人,精力非常旺盛,越是下行市场,越需要我带着大家做业务。

深圳佳兆业开盘时客户很多,售楼处根本挤不进去,在外边聚集了大量客户。我跟大家说:"走!咱们找外面这些客户聊聊去。"经纪人都在看我怎么做,于是我率先开口:"您好,您看这个盘啊?您对新房有什么要求?可以跟我说说。"经纪人见此景象,也行动起来。从硬着头皮、磕磕绊绊地发问,到对周边每套新盘对答如流,他们的成长显而易见。

第二,设置激励。从二手房业务转向新房业务会有一个过渡期,加上深圳市场的大环境比较低迷,大家的情绪或多或少都会受到影响,这时候就需要一些物质激励,帮助大家重新振作精神。

我们决定转向新房业务之后，8月份设立了很多激励，比如有一组带看奖励100元，有一单新房奖励1000元和500贝壳币，有一单租赁奖励200元和200贝壳币，从多个维度调动大家的积极性。

业务转向过程中的客源问题困扰着很多人，在获客渠道上我自己的做法是三步走：线下开发、线上商机、打电话。目前，我们的线上线下客户占比是五五开。

线下我们坚持做小区驻守，小区里有5%~10%的客户，他们的父母或者孩子住在这个小区，他们很想把房子买在一起，但又买不到合适的二手房，我们就会把附近的新房推荐给他们，效果很好。如果每个小区有10%的置换群体，十个小区就是100%，其实体量很大，可做的工作很多。

我对经纪人的业务实行精细化管理。如果你在某个工作日走进我们门店，看到的会是这样的景象：

上午，经纪人全部到岗，坐在电脑前，低头做网络、刷端口、做展位，每个人的目光都集中在电脑或手机上；下午，大家都出去做社区开发，经纪人拿着立牌、传单，到小区里和街坊邻里聊天；晚上，我会跟经纪人坐在店里讨论并交流信息，集中筛选客户。

我还要求经纪人快速熟悉新盘，我们以店为核心，把周边房源打透，每3个人负责一个小区。我要求自己背60个楼盘信息，也要求经纪人背60个，肯定很多人背不下来，但是他能背15~20个，我的目的就达到了。

之后，就要针对客户需求做邀约通关。带看完现场就要确认客户意向，这一步以后的工作就是店里的三个师傅在做了，因为经纪人最主要的工作是获客，临近成交，我会和店里的师傅们亲自把控。

日常管理中，我管得最多的就是带看，这里面有非常多细节需要去盯。我会检查每个人的聊天记录，检查约客、跟客情况，有比较靠谱的客户我会记在自己的备忘录上，并亲自跟踪。有些经纪人跟客户聊到一定程度不知道该如何推进，我会代替他给客户回复信息，告诉他接下来的话术等。

我们门店一周的安排是这样的：周一休息；周二白天踩盘，晚上做培训和复盘；周三白天踩盘，晚上做话术；周四梳理客户，确定靠谱的客户做跟踪；周五晚上约客，约客的时候我会盯着每一个人和每一个反馈。我们门店是两层，周五晚上7：00开始，我就楼上楼下来回跑，跟踪大家打电话约客的情况，如果谁没有约到客户，我会分派客户给他。

有的经纪人客户非常多，自己忙不过来，我就鼓励他们把资源拿出来相互成就。我一直宣导的理念是，你成就别人，将来别人也会成就你。我努力让大家都能获得一定的客户资源，即使短时间内没有成交，他们也能够在和客户的沟通中学到东西，提升自信心。

下行市场，人员流失严重，但我们并没有特别悲观，我们利用这段时间修炼内功，留住客户。

二、绝不"躺平",带动团队

"以前多好啊!楼市多火爆啊!也不知道以后能不能回得去,也不知道如今的生意怎么做。"最近两个月,基本上每天都有人过来找我聊,很多人都有这样的负面情绪。

在危机面前,最重要的一点就是自己的信心,要立足当下,以空杯心态从零开始。我告诉自己绝不"躺平",然后再带动团队。如果店东有10分的激情,最少也能带给团队3分,如果店东就1分的激情,团队的状态也不会太好。

我记得2—4月,虽然说市场情况不是特别好,二手房没有成交,但是团队的信心还是挺足的。直到4月底,我能感觉到经纪人的心态有点崩溃了。我经常跟大家说:"一年12个月,每个月都有一次机会。"但是到5月的时候,半年快过去了,大家都挺慌的。

"不要受别人的负面情绪影响,不要受别的门店的负面情绪影响。"我每天都在跟经纪人念叨这句话。我要告诉大家的是,即使整个深圳市场的房地产经济中介都没有量了,我们也是最后一个倒下的,我们的目标是永远争第一。

当然,突围不是空喊口号,而要用切切实实的行动让大家不再"躺平"。我的信心来自对业务的掌控。我要求大家做新房,自己要先研究明白,新房的流程是什么、怎么获得客户、怎么约客带看、贝壳的线上流量如何获取等,任何一个细节都不能错过,之后再教给经纪人。

作为带头人,我还要去学别人不愿意学的,比如了解区域规划。那个时候,我每天花三小时左右看规划文件,再跟进查里面的具体内容。看完之后,把精华分享给大家。

为什么要看区域规划?我的目的是激发经纪人对这个区域的信心。很多新房都在没有开发出来的片区,或者片区的配套不是特别完善。我就把这个片区的规划给经纪人讲清楚,这样他们才会对这个片区有信心,进而将信心传递给客户。我在讲区域规划的时候,就让经纪人在旁边看,他对客户的把控能力到不了10分,但看一遍最少有2分,再通过2~3周的练习,基本上就能独立讲盘了。

帮助没有开单的经纪人开单是我日常干得最多的一件事。我们团队有个姑娘,业绩不是特别好,心态有点崩溃,我就找她聊了一次。我问她:"你最近状态不好,有什么问题吗?""一直不开单,我觉得我可能开不了单了。"她回答。"我帮你看数据,看看你的问题在哪?"我跟她一起整理她一天的行程,发现她最大的问题是没信心,导致很多业务都表面化,感觉自己很忙,但其实效率很低。这次聊完,她就开了两单新房。

其实,房地产经纪行业大多数人都是这样的状态,把自己弄得很忙,实际上做了太多无效工作。这个时候,店东就要告诉他每天的行程应该做些什么?做完之后应该得到什么?下一步应该做什么?帮助他把动作规定好,然后去要结果。

首先要告诉经纪人如何上客?通过哪些渠道上客?如何把每个渠道做到极致?其次要告诉经纪人如何跟客户聊天?如何把客

户约出来？最后就是带看，当你提出带看后，客户说考虑以下，你该怎么办？大多数经纪人会说："好的，那您考虑好了联系我。"我要求经纪人问出客户的疑虑，比如您还有什么顾虑？对房子哪里不满意？当了解客户需求之后，快速匹配其他楼盘，并立即带他看盘。

房子属于大宗资产，绝大多数客户下定是比较犹豫的，如果经纪人认定房子比较合适他，就要推客户一把。因为客户没有我们了解市场，我们要帮助客户做决定。我经常让经纪人反问客户一个问题：如果现在是 10 年前，您会不会买房子？通过这个问题，要让客户知道专业经纪人的价值所在。

还有一点，我们要做同行做不到的事情。当同行们都在刷手机的时候，我们去看文字，看真正专业的东西，这样我们必然比他们懂得多一些，客户也会觉得我们更专业，选择我们的概率会变大。

我们店的优势之一是经纪人学历比较高，团队中的 23 个经纪人，大学生占比 60% 以上。因为我自己是从英国留学回来的，所以更看重学历，对人才选拔非常谨慎和严格。相对来说，学历高的人逻辑思维更强，学习能力更强，进步更快。

三、是危机更是机会：储备人才正当时

我一直不觉得危机是件坏事，它反倒给了我更多机会。每周一下午我都在做人才招募工作，和有意向来店里的小伙伴聊一聊。

近几个月，我们店周边有六家房地产经纪中介关门了，有的中介之前的业绩非常好，在我们区域排名第一。究其原因，就是在策略上没有调整好，老经纪人多，思想转变不够快，学习能力跟不上，只能被淘汰。

对我来说，市场下行时期正是储备人才的大好时机，现在我正在为深圳市场的爆发做准备。即使到那时市场没有想象中的火爆，能爆发20%，我也觉得我们赚到了，因为我为门店的长远发展储备了充足的人力资本。

我们店的提成比例其实并不高，我也不希望单纯通过提成留人，我想让大家在我们店看到未来，在我们店实现晋升，实现更大的价值。有句话是："只有在希望面前，才能淡化眼前的利益。"我是一个看长的人，我现在做的事情是想保留住团队，让团队里的人都有好的未来。所以我不断地督促经纪人学习，为他们提供平台，让他们能更好地迎接风口的到来。

当然，如果经纪人能力不行，就只能淘汰。从2月初到现在，我们店大概有四个人离职，其中也有我主动辞退的。对于传达负面情绪的人，我坚决不留，因为负面情绪的扩散会抵消店东长期的努力，非常不利于团队发展。

在人员储备之外，资金储备也很重要。我坚持给大家上社保，二挡起步，加上房租，每个月的人员成本在五六万元，压力还是很大的。所以我准备了一笔备用金，随时为店里填窟窿。

一个团队在这样的市场行情下还能保持高涨的热情，信心满满，突围制胜，是非常难得的，店东要做的就是不断为团队"输氧",信心比黄金更宝贵。

  我自己的经验是,在这样的时期,业务转型要强硬一点,也要配合激励措施,让团队先看见再相信。与此同时,作为店东要更关注业务、关注细节,带领经纪人行动起来,通过不断学习、不断接触新事物,给经纪人做榜样,躬身入局,成为经纪人信任的带头人。

第二章

以"变"求生，向内归因方能领航未来

罗广军，2013年入行，2014年开始做管理，从业8年。2018年加盟深圳德佑，所经营的门店是深圳德佑领航者门店。目前门店有25个经纪人。

一、下行市场，心由快转慢

我们门店在深圳南山，70%的业绩都在二手房业务上，新房业绩比较少。经过了几个月的观察，我们发现二手房确实很难有业绩，客户都处于观望状态，所以决定从8月开始调整业务方向。

有业绩才有现金流，有现金流才能支撑门店正常运转，战略发展一定要依据市场变化调整。我本人对数据非常敏感，业绩不好的时候，我就看数据、抓数据，从中分析问题，寻求解决办法。

当我告诉大家经过我的分析，发现二手房业务基本没有量了，我们需要转向新房业务时，一片哗然，但是大家非常信任

我，所以坚决执行。之后一个月，我都在不断宣导，因为制度的执行需要一个过程，这个过程是循序渐进的，要不断地强化，定期回顾，让大家有深刻的印象。

调整之后，我们以租赁业务和新房业务为主，二手房业务占比不到20%，新房业务占比增长到60%。租赁业务虽然也有单量，但是整体标的比较小，没有新房的佣金高。二手房业务主要关注周边楼盘，对外围楼盘基本上就不再关注了。

我们严格执行经纪人分岗制度，深圳德佑的系统上没有分租赁经纪人和买卖经纪人，都是综合经纪人，但是我们店是区分的，市场下行之后分得就更严格了。入职一年以内的新人去做租赁，老人有租赁资源的要全部推给新人，希望新人通过租赁业务进行资源积累，把展位做上去，获得更多客户进线，这种做法倒逼我们把资源集中化、细化。

市场行情不好的时候非常需要聚焦，需要为客户提供更加专业的服务，需要专注于自己的资源开发，这样产出的效率会更高一点。同时，管理者要亲自参与业务，带动经纪人一起做，团队的积极性会被更好地激发出来。

很多经纪人表面上要转到新房，但实际上没有行动。特别是一些从业年限比较久的，像5年以上的这些经纪人，在舒适圈待久了，让他们去踩新盘、去通关是很困难的一件事情。

我们做了一些跨城项目，会经常到中山、惠州等地方踩盘。早上8：00出发，要到晚上8：00才能回来，路上就要花费四小时左右。"去了能有用吗？新房能做成吗？"很多老人会发出这样的疑问。甚至有人去了也就是晃一晃,根本没有认真对待。

每一次这样的踩盘我都和大家一起去,了解新盘情况和相关信息。那些老经纪人一看我如此认真,也就不敢怠慢了。所以,管理者以身作则很重要。作为店东,你参与业务与否,最后的效果完全不一样。

在上行市场,管理者也许可以做一个指导者,但是在下行市场,管理者一定要亲力亲为。管理者的角色转变很重要,角色转变得好,团队执行力就强,如果不转变,任凭经纪人自行其是,团队执行力会非常差。

市场下行时期,我们更要关注重点数据,重过程,不重结果。平时的业务,我主要看重基础量化,从系统上看每天沟通多少客户、多少个客户在跟进、每周有多少个委托钥匙等,静下心来做基础量化的同时也是在积累资源,只是这个过程会慢一点。低速市场主要关注经纪人作业过程,对结果的关注度没那么高。对于新房主要关注销售动作,看经纪人是否在朋友圈进行推荐,或者向老客户推荐。对于没有业务动作的人,要及时进行沟通,发现问题,调整状态。

避免人员流失的核心是让他的心由快转慢,大家达成共识,静下心来做好基础量化、积累资源。有的人开单是他幸运,有的人开单是不断积累出来的,通过积累开出单来,才是生存的根本,才能持久。

在市场下行期间完善组织架构也能给店面正常运转带来积极作用。我们门店现在有 6 个 M,1 个 M 带 2 个 A,我经常给 M

开会，稳定他们的心态，再由他们传递给 A。尤其希望 M 在业务上多指导 A，带着他们做事情，让每个人都有事可做，有方向可寻。

深圳的新房市场很大，所以我从来不觉得下行市场是个问题，最大的问题永远都不在外部，而在内部。深圳市场不缺客户，一个总价 1000 万元的房子，只要降到 900 万元，客户就会蜂拥而上，这说明深圳不缺购买力。那么深圳缺什么？缺的是好盘。我在选盘上有两个标准：一是高流量盘，就是关注度高的盘，客户、同行都会发相关信息，形成新闻效应；二是高货量盘，要找一个可以长期打的盘，保证一两个月的货量。

二、只要有我在，公司就不会倒闭

市场的起起伏伏是非常正常的现象，你不可能一直享受它的巅峰时期，低潮时期也挺好，可以淘汰很多只想投机的公司。前几年市场好，很多人都到这个行业赚快钱，但长期投入才会越来越专业，越来越专注，才能给客户提供好的体验。

我经常跟大家说："只要有我在，公司就不会倒闭。"

算一算，我在这个行业已经 8 年，其实每年都会有调控，只是有时松点，有时紧点，每隔三年会有一个力度大一些的调控，这都是正常现象。

在人员方面，市场政策调整对入职一年以内的经纪人影响要小一些，对老经纪人影响比较大。能否在行业内继续发展，主要看老经纪人的接受度和转变度,如果心态调整得好,对市场的适应比较快,也许能获得新的成长动力。当然,在调整过程中势必会有一部分人被淘汰。我主动淘汰的都是负面情绪比较大的人或者怎么都带不起来的,与其花时间在这些人身上,不如将时间和精力放在更有潜力、更愿意做事的人身上。

我的态度决定了整个门店的态度,经纪人跟我聊天,完全没有看到我有恐慌的感觉,他们就会有信心和信念。如果店东自己都没信心了,团队散伙是迟早的事情。

要激活有经历、有能力的人,让他们带动更多人。我们要从多维度分析问题,不要局限在自己的圈子里。我们门店有将近一半的经纪人都是经历过市场起伏的,他们的心态会相对平和一些,所以要鼓励他们在经纪人中间传递正能量。

要面对面交流。发现问题的最好方式就是面对面聊天,要通过深度沟通,了解经纪人诉求,解决他的心态问题,心态好了,做事情才会顺畅。我们门店有个刚入职的经纪人,入职以来表现很好,勤快也努力,但是前两个月只开了一个租单,基础量化在慢慢下降。我发现他做事没有精气神,对未来没有憧憬,所以状态不积极。我问他:"为什么数据在下滑?"他很迷茫,说:"我做了每一个业务动作,但没有效果,开单太难了。"我把他的数据和商机量做了一个对比,发现他的数据和基础量化都比较稳定,商机量是在慢慢增加的,于是帮他捋顺了做展位的逻辑。我说:"你这个月积累了一部分经验,下个月再积累,到第三个月,你的展位很容易上去,只要保持,商机量会一个月比一个月多。"

接下来，我又帮他解决了与客户沟通的问题。第三个月，他1个人就开了6单，这并不是仅仅第三个月努力的结果，而是通过两个月的积累，从量变到质变的结果。所以心态一定要摆正，有问题不要逃避，要积极地想办法解决问题。此后，他的单量一直很稳定。

对新人的关注是非常重要的，可以根据数据去关注新人，给他好的引导和有用的建议，很多时候，他们离开单就差一步，如果在这个关键时刻，你能帮他把逻辑捋清楚，他一定豁然开朗。如果在关键时候没有关注到他，很可能他就此消沉下去，甚至离职。

对于以下三种员工要定期面对面交流：一是从数据发现什么业务动作都没做的；二是根据M的反馈，状态有问题或者执行力不强的；三是经常不务正业，喜欢聊八卦的。

我们门店的招聘工作从没有停止过，我相信人才是筛选出来的，招到1个优秀的人才比培养10个人更重要。人才的成长需要时间，市场终会回暖，等到市场好的时候再去培养新人就来不及了。资源的积累也是同样的道理，要对市场有预判，提前做好资源储备。

我倾向于招聘小白，在自己的店里培养。在深圳市场不太好找老人，因为每家店的绩效不统一，很多老人都是冲着利益选择门店的，没有理想和愿景，如果是小白，就可以从价值观开始培养。

在这个行业做得越久就越发现，心态是最重要的，作为管理者的核心工作就是把经纪人的心态打开，基于正确的价值观，为经纪人提供发展方向，教他如何看待这个行业，如何看待自己的工作，让经纪人的心态变通透，他将无惧市场的任何变化。

第三章

下行市场：深圳德佑门店的"勤能补拙"实战

毛金花，2007年入行，2020年1月加盟德佑。团队业绩位居深圳德佑第一，在全国德佑排名中也名列前茅。

一、下行市场：勤能补拙、心态制胜

当我选择自己创业时，之前团队的17个人都跟着我出来了，而且现在也都还在店里，跟着我时间最长的一个人十几年了，最短的也差不多五六年了。我们团队的业绩构成以一手房为主，占比为60%，二手房占比为40%。2021年，我们团队的业绩依然稳定，7月门店业绩再创新高，翻倍增长。

我们团队的经纪人都是我一手教出来的，从一张白纸到现在能够应对各种复杂局面，大家一起经历了很多。这一次的政策影响，让大家比以往更辛苦一点，以往可能付出一倍的努力就有收获，现在要付出两到三倍的努力才会有收获，但是我觉得任何时候都是天道酬勤。

我们要做的是把思路理顺，抓住一切机会行动。我们团队成员多数都是成熟的经纪人，心态都很淡然，没有因为政策变化慌了手脚，都在按照计划做事。所谓市场的好与坏，其实能够反映出经纪人能力的高与低。

我经常和同事们说："一方面，不能单腿走路，要学会多条腿走路，要维护老客户，还要发掘新客户；另一方面，要抓住一切机会，把机会面扩大，可以多问问身边的朋友是否想看房，或者多向大家转介绍，总之抓住一切可能的机会动起来。"

大家都能开单的时候看不出什么，市场变化的时候才是考验经纪人的时候，这个时候最能看出来谁能做事、谁愿意做事。混日子是一天，努力过也是一天，遇到点儿困难就跑，也成不了什么大事。

危机来临，很难独善其身。业绩下滑，舆论渲染，很可能传递一些负面情绪，听多了感觉自己状态也不对了。这个时候就要踏踏实实做自己，专注于业务，管理者的任务就是让每个人都有事可做，大家就不会心慌。

二、精耕社区：留住人才、黏住客户

我们所在的板块比较特殊，在深圳盐田，是深圳东部的一角，靠近大梅沙旅游片区，工业比较少，就像一个小镇。在这个板块很难招到人，所以我们团队几乎没有新人，都是行业老兵，都在这个板块深耕了几年甚至十几年。

但我们这个板块有其地理优势：第一，一手楼盘比较多；第二，以豪宅为主，总价比较低，但品质不差，5000万元的豪宅和南山上亿元的豪宅相比，居住品质毫不逊色，属于价值洼地；第三，我们团队在这个板块精耕的时间很长，累积了足够的资源和人脉，大多数团队成员都在这里安家了，大家非常珍惜自己的行业口碑。

我在这个行业已经度过14年，跟团队伙伴达成了共识：房地产经纪行业是一个看长的行业，也是一个和社区紧密相连的行业。如何才能在一个社区扎根下去，赢得业主的信任，是我们思考最多，也最深的问题。我们的经验是，要熟悉盘楼，熟悉社区特色；要想业主所想，竭尽所能帮助业主，业主急于售房时，要想办法帮他营销，这非常考验经纪人的售房组织能力。

我之前的一个客户有一套二手房要出售，客户问："这个房子怎么定价？"我告诉他："很多业主说你帮我卖得越高越好，这是不可能的事情，肯定要根据市场定价。"你有策略，业主就会对你有信心。

我们这个板块有个特点，它是一个住家客的片区，很多人都是亲朋好友一起居住在这里，所以他觉得你这个人靠谱，就会把你推荐给朋友，从而带来很多转介绍客户。所以不能做一锤子买卖，要长期经营，过年、过节要想到客户，送贴心的礼物；邀请客户吃饭，但前提是你专业靠谱，能够为客户创造价值。

2009年，我经历了最多的一次转介绍，是十几个高管组团来买房。刚开始接触的是他们的老板，无论在他买房前还是买房后，只要他问到有关房子的事情或者关于房地产专业的问题，我随时随地解答。所以，我慢慢地获得了他的认可，之后，他把他们公司的高管都介绍给了我，高管们组团来买房。

我的客户都很信任我，有些客户出差回不来，遇上想投资的新盘开盘，我就直接帮助他们订房。我们的相处也不做作，就像朋友一样。我们卖房子绝对不能以生意目的为导向，要站在客户的立场想问题，明明不符合客户需求的房子，却忽悠客户让他买，这不是做生意的本质。无论何时，都要以客户的利益为重。买二手房，我肯定要给客户争取非常合适的价格；客户看上超出预算的房子，我会帮他算贷款，选择最合适的出资方案；客户投资，我就去找性价比高的楼盘，因为我对板块、房源足够了解，我有底气分析未来的前景。我们这个板块的开发商有新盘开盘都会向我了解片区情况、价格以及客户群体画像。

现阶段有人担心政策出台之后，业主的心态是不是要发生变化？应该如何把控？我的回答是，业主心态变化是肯定的，但是我们也有方法应对。

我会主动找业主询问情况，问清楚他们为什么要卖房，还要介绍清楚佣金情况，再根据业主需求找客户。很多经纪人急于求成，只要业主挂盘了，就赶紧带看。我不会这样做，我会把业主需求了解清楚后再跟进下一步动作。前置服务的效果在慢市场会更加凸显。

2021年8月，我遇到一个业主，他卖房的时候很犹豫，经过耐心询问我知道了他们是想换房，但是一直没有看到自己喜欢的房子，他们计划明年七八月份搬出去，因为小孩在市区上学，明年毕业了就正好搬到另外的房子去住，所以并不急于出售。后来，我告诉他有一个客户看上了他的房子，刚好需求匹配很难得，同时，我可以帮他租到合适的房子，让他过渡用。半个月后，他们卖掉了房子。

深圳是一个快节奏的城市，但我们选择了"慢"作业。除了帮业主解决问题之外，我还会抽出一些时间和业主见面，联络感情。否则，长时间不联系就会忘掉彼此，我们的目的是让业主有买卖需求的时候第一个想到你。

房地产经纪行业的本质就是与人打交道，市场好的时候，也有做得不好的人；市场不好的时候，也有持续开单的人。所以，不要被市场左右，而要用心对待客户，只要你用真心对待客户，客户一定会感受得到，一定会给你带来意想不到的收获。